实干兴邦 VI

——中国优秀企业家奋斗史

中国文化信息协会 编

中国商务出版社

图书在版编目（CIP）数据

实干兴邦：中国优秀企业家奋斗史 . Ⅵ / 中国文化
信息协会编 . -- 北京：中国商务出版社，2018.2
　　ISBN 978-7-5103-2298-3

　　Ⅰ . ①实… Ⅱ . ①中… Ⅲ . ①企业家－访问记－中国
Ⅳ . ① K825.38

中国版本图书馆 CIP 数据核字（2018）第 027881 号

实干兴邦：中国优秀企业家奋斗史 . Ⅵ
SHIGAN XINGBANG: ZHONGGUO YOUXIU QIYEJIA FENDOUSHI. Ⅵ

中国文化信息协会 编

出　　版：中国商务出版社
地　　址：北京市东城区安定门外大街东后巷 28 号　邮编：100710
责任部门：职业教育事业部（010-64218072　295402859@qq.com）
责任编辑：周青

总 发 行：中国商务出版社发行部（010-64208388　64515150）
网　　址：http://www.cctpress.com
邮　　箱：cctp@cctpress.com

排　　版：皓月
印　　刷：北京虎彩文化传播有限公司
开　　本：710毫米×1000毫米 1/16
印　　张：11.5　　　　　　　　字　数：220千字
版　　次：2018 年 2 月第 1 版　　印　次：2022 年 8 月第 3 次印刷
书　　号：ISBN 978-7-5103-2298-3
定　　价：45.00元

目录 CONTENTS

"愣"小伙的风雨创业路
——访广西玉林市香稻鳖生态农业有限公司总经理陈茂展 001

一位家政经理人的服务民生梦
——访山西省广灵县灵嫂家政服务有限公司法人代表杜凤 006

妙手种红花　黄土变黄金
——访河南省信阳市光山县鼎峰生态农业专业合作社理事长胡友全 011

梅花香在骨　秋水玉为神
——访湖南省常德市佑安堂董事长黄品若 016

历经风雨见彩红
——访山西运城新绛县春云养殖专业合作社理事长贾春云 024

展精工鸿图　耀中华雄威
——访东莞市鸿威模具有限公司总经理蒋功奎 028

用心点亮生活之美
——访广东省深圳市简花艺工作室创始人秦莎 032

行走在生态健康养生路上的特种养殖人
——访广州市金熊珍稀动物养殖有限公司董事长苏思源 036

昔日"三废"变"三宝"
——访东莞市泰兴新能源科技有限公司总经理王支伟　　042

大爱之桥
——访山西"爱之桥"家政服务有限公司总经理杨爱仙　　046

装饰梦想　成就人生
——访广西云旸软件有限公司 ui 设计师袁也　　050

不拘一格勇创新　脚踏实地谋发展
——访成都市康凤鞋业有限公司总经理钱昭迪　　054

为电机插上节能翅膀
——访江西省瑞昌市森奥达科技有限公司董事长王贤长　　058

艳梅绽放火样红
——访黑龙江省哈尔滨月亮八珍食品有限公司总经理徐延梅　　065

爱农业、懂技术、善经营的良心企业家
——访黑龙江省拜泉县鸿翔亨利米业有限公司董事长张洪利　　070

创新传统美食开拓食品领域新天地
——访吕梁珍味谱食品有限公司董事长张世文　　075

不忘初心　孝行天下
——访"爹娘亲"品牌创始人窦素芬　　079

忠于自然还原生态的守望者
——访江西禾尔斯环保科技有限公司董事长高婉琴　　086

"渠星"的灼灼其华
——访江苏省农垦米业淮海有限公司总经理姜国平　　091

瑞莲绽放艳阳天
——访山东派力迪环保工程有限公司董事长李瑞莲　　095

"藕"然邂逅　执着一生
——访四川省巴中市恩阳区现代农业有限公司董事长刘智勇　　101

为中国制造代言
——访北京欧洛普过滤技术开发公司执行董事杨淼　　106

前行动力始终澎湃
——访北京腾龙大地恒通摩托车经销有限公司总经理赵德峰　　112

小草成就大梦想
——访甘肃欣海科技实业集团总经理白建海　　117

切带机里乾坤大　自主创新是领军
——访莆田市坚强缝制设备有限公司总经理林秀椿　　121

山鹰之歌
——访吉林省白山市林源春生态科技股份技有限公司董事长徐建友　　126

以田野为战场　以创新为利刃
——访山东省邹城市农鑫农产品有限公司总经理许忠先　　131

创业改变命运
——访湖南省益阳市水晶坊创业集团董事长曾勇　　135

独守在实木家具行业里的匠心人
——访天津市木点家具有限公司董事长李连凯　　141

让精美家具扮靓品质生活
——访东莞市思派德木器制品有限公司董事长陈石敏　　146

宝刀未老创品牌　赤子之心送健康
——访北京月亮湾技术推广中心云伴月品牌创始人芦树林　　152

牛大叔的世界品牌梦
——访史上最长名字公司创始人牛育龙　　156

医改下的天使羽翼
——访湖南健康快车服务有限公司董事长饶宏友　　160

墨香成就淡然人生
——访河南省著名书法家任付力　　163

打造建筑设计业界的航母
——玺创(北京)国际建筑文化发展股份有限公司创业纪实　　167

鲲鹏展翅,让共享飞机飞进生活
——访安徽登云航空服务有限公司、安徽指路人航空咨询有限公司执行长,
中国共享飞机系统创始人周卫东　　175

"愣"小伙的风雨创业路

——访广西玉林市香稻鳖生态农业有限公司总经理陈茂展

这个"愣"小伙,回乡创业四年,不仅没赚到钱,还欠下了 50 多万元的外债。为了还债,他两年后再次创业,周边却没有一个人看好他。而他还要再"愣"下去,再次创业——养鳖,终于绝境逢生,不仅自己致了富,还带动 100 多穷兄弟一起致了富。让我们走近他,看广西玉林市仁东镇的陈茂展如何在一无所有的情况下绝地翻身? 又是怎样从一个仅有 10 亩水面的养殖场开始,创造了一个年销售额 4000 多万元,带动村里 100 多户穷哥们一起致富的奇迹。

跌倒了爬起来

1998 年,陈茂展中专毕业。当时,几乎所有的同学都去广东打工了,而陈茂展却选择回家自己创业,同他的女朋友一起回了他的老家——广西玉林市仁东镇中庞村。他说:"他们外出五年,或者八年十年,最终年龄大了也得回来发展,结婚生小孩,又从零开始。我不如比他们抢先一步,在家里面打基础。"他向往"自由自在"的工作。这年,他找朋友和亲戚借了 15 万多元,在离家三公里的山里养起了当地的土鸡。土鸡,他们那里当时养的人不是很多。

然而,2003 年,"非典"来袭,以及紧接着的禽流感,不到一年陈茂展就赔得倾家荡产。

创业四年,陈茂展不仅没赚到钱,还欠了 50 多万元的外债。他只好带妻子回到老家村子里去住。当时,陈茂展手中连买青菜的钱都没有了。

"拿什么偿还 50 多万元的外债呢?"陈茂展在家里待了 20 多天,连大门都没出。此时的陈茂展心情很复杂,一直在想,我什么时候再能从头开始?

2004 年春节前夕,村里人发现陈茂展不见了,大家都觉得他肯定是躲债去了,不会回来了。

让大家没想到的是,2005 年 5 月,陈茂展突然回来了,他说:"要养鳖。"

养鳖?村里人都不相信,他连鸡都养不成,能养成鳖?过去他们村里曾有不少人养过鳖,后来都不养了。养鳖是要技术的。

陈茂展的父亲曾在村里养过鱼,有10亩鱼塘。陈茂展回来后,马上改造家里的10亩鱼塘。

原来,陈茂展是去妻子妹妹那儿学习去了。听说妻子妹妹家养鳖很赚钱,他觉得这是个学习的机会。又听说妻子的妹妹家要请帮工养鳖,他立即借了200元车费,带着妻子一起到离自家200多公里的妻子妹妹家打工,他想学习养鳖技术。

在妻子妹妹家打工的日子,陈茂展非常卖力、勤快。2005年3月,他妻子妹妹生完孩子后嫌麻烦不想养了,陈茂展立刻决定接手这批甲鱼。

"养这么多老鳖你不怕风险吗?"全村人不断地问着这样的问题。

陈茂展说:"我养鸡已经欠下了几十万元,现在我必须要做更大的事情,才能有更大的回报。才能把人家这个债还掉,只好再拼一下了。"

探讨新模式

这批甲鱼有1000多只,都是养了10多年的种甲鱼,价值40万元。他没钱给小姨子,就先赊欠着。别人不愿意养的老鳖,陈茂展又从中看到了什么商机呢?陈茂展想:随着人们生活水平的提高,对鳖的要求相对来说也高,他觉得这个市场潜力是比较大的。

陈茂展把这1000多只种鳖带回老家,放在已改造好的鱼塘里仿野生养殖。这个时候的陈茂展,手里根本就没钱喂这些老鳖,但他想了个办法:每天下午5点多钟去玉林市的水产批发市场,低价买回别人批发剩下的小鱼喂老鳖。2006年9月,陈茂展养殖甲鱼一年后,成功孵化出了9000多只小鳖苗。除了自己留下养殖的5000只外,陈茂展开始四处推销小鳖苗。他想,要发展更多人来养,有了规模以后,买鳖的人才能来到我们这里。那个时候,陈茂展自己养鳖还没赚到钱,无论他怎么说,也没人愿意买他的小鳖苗,跟他一起养。

怎么办?有个叫甘惠林的,是当地水产养殖大户,有200多亩鱼塘。2006年底,陈茂展找到了甘惠林,想通过他推广自己的小鳖苗。当时,市场上小鳖苗12元一只,陈茂展为了让甘惠林跟自己一起养,只卖给他7元钱一只,没想到,却被甘惠林拒绝了。甘惠林主要养的是标鱼和鲈鱼,对在鱼塘里套养鳖不感兴趣。陈茂展却说出了一个令甘惠林十分心动的事:把鳖放到鱼塘里不用专门喂食,只吃鱼塘里随河水进入的小杂鱼就行。小鳖苗放鱼塘里不用喂,三年后就可以卖。这让甘惠林动了心,可他买了陈茂展的小鳖苗后,却没有马上付钱,他担心能不能成功,陈茂展也不介意。

2009年5月,陈茂展第一批由小鳖苗养成的商品鳖终于可以卖了,因陈茂展养的鳖是仿野生养殖,野性大,遇到一起就玩命咬架,不少鳖被咬伤。他找来当地的经销商,经销商按80元一斤的价格收购了没有咬伤的鳖,而剩下三分之一被咬伤的,仅给20到30元一只,收购价低的让陈茂展难以接受。那一批甲鱼卖了之后,陈茂展感觉下次不能再这么卖了,必须解决它们之间相互撕咬的问题。

他按鳖龄把它们分别养殖在不同的塘中,解决了相互撕咬的问题。他还配制了一种防治鳖病的中药,把中药打成粉用蛇皮袋装着,系上砖头沉入塘底,能有效防治鳖生病。另外,他还创造了"鳖稻共生"的养殖模式。

所谓的"鳖稻共生"就是两者同时生产、生长,是一种共赢的模式。鳖的粪便以及池塘里的氨基酸可作为水稻种植的肥料。更重要的是,鳖吃的是稻田里、水稻叶上的虫、蛙、螺、草籽等天然饲料。而对于水稻来说,因为有了鳖的帮忙,就不再需要除草、施肥和用药,这样种出的水稻完全属于有机水稻。在掌握了"鳖稻共生"的技术后,陈茂展通过土地流转的方式建立起一个鳖稻共生养殖基地,并正式采用此模式进行养鳖。

在陈茂展的鳖稻共生养殖基地,稻田的中间有一个细长的池塘,池塘就是鳖的栖息之地。陈茂展说,平时池塘的水漫到稻田10厘米高的地方,鳖随时可以到稻田上进行活动。平时成群的鳖爬上稻田里"锻炼身体",那场面格外壮观。在稻谷成熟的时候,提前8到10天把稻田里的水放掉,鳖就会自然回到池塘里。

陈茂展介绍说:"鳖稻共生养殖基地首期利用起来的土地是70多亩,养鳖8000多只,公母的比例是1∶3.5。在产量上,"鳖稻共生"种出的稻谷产量会比喷洒农药化肥的稻谷低一些,但是生态米和普通米价值是不可同日而语的。它比普通养殖方式养出的要贵10至14元/公斤。而且"鳖稻共生"也大大提升了水田的经济效益。听到此,笔者不禁赞道:"综合利用,这样好!"

市面上有的鳖,养一两年就上市了,陈茂展说自己很难做到,他知道生长天数不够或多喂饲料让鳖快长,鳖的营养有效成分会大打折扣,这与他的生态养殖理念是相违背的。他愿意花时间慢慢等他的鳖长大,让它们自然囤积营养。"五龄鳖"是陈茂展的目标,为着这个理念,他给他的鳖们注册了商标叫"盼三冬",寓意着鳖们的自然缓慢生长过程,也道出了自己的生态养殖理念。

抱 团 发 展

做生意,销路是关键。2009 年 6 月,陈茂展来到深圳东门水产市场,在市场边住了 3 天。他每天凌晨都到水产市场去观察那里的水产批发商,观察谁家的鳖数量大;观察客人进来交易的时间。一个叫吕志彬的水产批发商引起了他的注意,陈茂展发现他的档口生意很旺,同时鳖鱼成交的速度非常快,他突然感到自己找到合作伙伴了。

陈茂展当即向吕志彬表明了来意,并邀请他到自己的养殖场看看。2009 年 9 月,吕志彬来到陈茂展的养殖场,陈茂展炖了一锅鳖汤招待吕志彬。吕志彬喝了汤后很满意,但订单却很少,因为,他不知道陈茂展一年能够产多少。

陈茂展知道吕志彬的担心后,立即带他去了自己带动起来的养殖户的鱼塘,看到这些鱼塘里套养着的鳖鱼,吕志彬放心了。

2010 年 5 月,被陈茂展带动起来养殖户甘惠林,捕捞完塘里的乌鱼后开始清塘抓老鳖。陈茂展立即联系了经销商吕志彬,连甘惠林自己都没想到,这一次光鳖鱼就卖了 800 多万元。

甘惠林的鳖鱼卖了 800 多万元的消息在当地迅速传开,很多养鱼的人得知后纷纷找到了陈茂展,也要在自家的鱼塘里套养。

陈茂展养的鳖鱼卖上了好价钱,孵化的甲鱼苗也火爆起来,越来越多的养殖户开始套养鳖鱼。

为联合更多的农户养殖鳖鱼,带动大家共同致富,陈茂展于 2009 年 1 月成立了西江鳖鱼养殖专业合作社。他任理事长,合作社为社员提供鳖苗和技术,并统一代销,仁东、玉林及灵山的 100 多户农户陆续加入了合作社,合作社的销售额达到了 1000 多万元。陈茂展高兴地说:"带动村民一起养殖,共同致富,是我的愿望。"

"农家乐"乐万家

鲲鹏展翅更高远。陈茂展的愿望并未止步于致富,他想,鳖鱼是营养丰富的食材,如果仅仅养好了卖掉,那得到的只是一个数量,品牌如何建立和推动呢?他琢磨着,希望通过餐饮平台走品牌路线。2014年,陈茂展以10亩甲鱼塘为基础,流转了别人闲置的土地,做起了生态旅游农家乐,人们可以到此观光垂钓,品尝鱼鳖和农家菜。

陈茂展说:"人们的生活水平提高了,休闲时本地能去的地方较少,特别是城区里面的人。周末带小孩、父母出来走走,也有个地方。"因而他要建个农家乐游乐园。

他的基地注册资金500万元,占地283亩,位于玉林市玉州区仁东镇鹤林村与中庞村,距离玉林市区只有8公里,这里与碧波荡漾的寒山水库为邻,又与玉林市高速公路出口为伴。这里有"鳖稻共生与鳖鱼套养"示范基地,有火龙果种植、有机农家蔬菜种植基地,有水产养殖的科研机构,水产养殖的科普教育,有旅游观光的亭台楼阁……打造了集科研、旅游观光于一体的现代化农业庄园。农家乐每周都有人组织同学会、全家游等活动。游客在这里既享受了农家风光、农家菜肴,又购买了他的农家特产。陈茂展说,他是土生土长的玉林人,外面的世界再精彩,也比不上家里这么好的平台。

未来的梦

陈茂展通过出售特色农产品和开办农家乐年销售额4000多万元,带动当地130多农户共同致富,这让他的"农家乐园"很快在当地有了名气。但他还有更大的梦想,最大的愿望:他要建筑园坡大农庄,为玉林人的休闲娱乐新添去处,为玉林市民的餐桌端上更多实实在在、营养美味的鳖鱼佳肴。

陈茂展和妻子已经开始了竹园坡的远期规划的谋划:在附近租下了100多亩地,种上了花树、瓜果等,到三五年之后,这里一年四季都有采摘项目,都能实现休闲观光、养殖一体化运作。陈茂展说:"我们要与时俱进,创新未来。"他不仅要办好他的养殖、旅游观光农庄,他还要开发他的老鳖深加工,要充分利用"互联网+"的平台,使全国人民都吃上他的美味鳖鱼子。

(高 敏)

一位家政经理人的服务民生梦
——访山西省广灵县灵嫂家政服务有限公司法人代表杜凤

"您好,这里是灵嫂家政服务有限公司,请问有什么能帮您的?"

"您好,您是需要一名保洁人员吗?"

"您好,谢谢您对我们的肯定,我们一定会再接再厉!"

……

每一天,广灵县灵嫂家政服务有限公司的员工们都在这样的忙碌声当中揭开工作序幕。这栋三层楼高的楼房,看起来不大,却包罗万象,一楼是居家养老服务中心,二楼为办公室,三楼则是家政培训中心。

每一天,杜凤平踏入这个地方,看到同事们热情洋溢的姿态,心中都会泛起无限欣慰。坐到办公桌前,看到案上堆积的文件资料,她又想起了当初那个仅凭一腔热爱,就闯进家政行业的自己。

慧眼独具,跨入家政行业

提起从事家政行业的初衷,杜凤平心中流过一股热流。为了生活,她从事过15年的制冷维修工作。就在事业顺风顺水的时候,却选择了结束,转入人们提起来就联想到"繁琐"与"辛苦"的家政行业。

"之所以有这样的决定,是因为我对家政的热爱,另外我对这个行业的发展前景也非常看好。"曾经在毕业后短暂从事过家政业务工作的杜凤平,当时主要做的工作就是收集雇主信息、招聘家政服务人员。就是从那个时候开始,通过自己接触到的行业最前沿供需信息,杜凤平断定,随着人们生活水平的提高,社会对家政的需求将会越来越大。

2014年,认为各方面条件都已经成熟后,杜凤平在家人和朋友的不理解之下,开始了自己人生的第二次创业。

"一开始,我的家人是不理解的,他们都认为我以前的维修中心干得好好的,为什么还要再折腾？"然而，向来和善好说话的杜凤平这次是铁了心的"一意孤行"："我希望能做出点成绩来，让他们知道我的选择没有错。"

初期，杜凤平的创业之路走得异常艰辛，别人的不信任、当地群众的思想固化、服务人员水平的参差不齐……众多问题像是故意为难她似的，急不可耐地涌到眼前。

"我很感谢当地政府，还有妇联，以及最开始愿意相信我的同事们，没有他们的支持，我不可能走到今天。"跌跌撞撞，一路摸索，灵嫂家政服务公司走过了三个年头。心酸已经成为过往，杜凤平不愿再提，她将感恩留在心底，让苦难被时间冲淡，始终铭记自己曾经得到的帮助。

创新思维，结合互联网搞家政

随着互联网技术的高速发展，许多传统行业都受到了不小的冲击。有准备的人能在科技变化的大浪潮中，紧抓市场脉搏，创新思维，转换运营方式，以便捷的服务方式重新吸引用户的目光，在市场竞争中立于不败之地。

对杜凤平来说，由于当地经济条件不太好，为自己的家政服务公司专门开设网站显然不实际，于是，她将目光瞄准了手机通信市场。"我们这个地方，不是每家每户都有电脑，上网也不方便，但几乎每个人都有手机，所以我们专门注册了自己的微信公众号，平时会发布一些信息，搞搞宣传，扩大公司的影响力。"杜凤平利用微信群和用户搭建起互相沟通的平台，雇主可以将自己的需求通过微信公众号告知服务中心，服务中心将各个工种的服务人员配备齐全（比如：钟点工、家庭厨师、送餐上门、病护、心理疏导师、家庭医生等），还会有专人上门回访、监督。信息的及时交换让服务人员能够在前一天就做好所有准备工作，以便次日以最佳状态投入服务。

提起自己的这一创举，向来谦虚的杜凤平也忍不住显露出小小的骄傲："对互联网的应用，极大地方便了我们工作的开展，否则雇主有需要就必须来一趟服务中心，或者电话联络，不论哪种方式都不方便，而且很可能由于沟通不良造成误解。如果我是雇主，光是想想都会觉得麻烦。很多人一旦觉得麻烦，就不愿意去做了。"想客户之所想，急客户之所急，正是在这样的思想指导下，灵嫂家政服务公司只用了三年时间,就在当地拥有了不小的名气,并于 2015 年 4 月受邀加入山西省家政服务协会,成为协会的会员单位。

授人以渔,搞培训促就业

"服务是家政的灵魂"。作为一名热爱家政、时刻关注行业动态的家政经理人,杜凤平深知灵嫂家政应该具有的核心竞争力是什么。然而,家政行业的特殊性决定了许多从业人员根本不具备相关的专业技能。为了改善这一情况,杜凤平干脆自己办起了家政培训中心。"既然他们的服务水平参差不齐,我就给他们定个标准;既然他们不知道该怎么做,我就教他们怎么做。"授人以鱼不如授人以渔,杜凤平知道,在农村存在很多闲散劳动力,这部分人从内心深处渴望着能做点什么为家庭增收,但很多时候,他们根本不知道自己能做什么。"我教会了他们,即使他们不在我这里工作,以后到任何地方都有一项生存技能了。"

千金在手,不如一技傍身

灵嫂家政培训中心瞄准市场需求,按育婴师、月嫂、护理师等多个方向,对农村妇女免费进行菜肴烹调、家居保洁、家用电器操作使用,以及老、病、幼、孕护理等方面的专业培训。

为了帮助这些人就业,杜凤平又与北京一家爱心组织合作,在当地市场饱和的情况下,把优秀的家政服务人员输出到外地。目前,已经有近 200 名保姆、月嫂、保洁等家政人员在杜凤平的牵线搭桥之下,走向了北京、天津、太原等大城市。"大城市的工资水平比本地高,很多人愿意去。对于外地的用人单位,我们会组织人员先进行考察,从我们这里走出去的人,每一个我们都会负责到底。"与普通的职业中介不同,杜凤平深知用人市场存在许多陷阱,她不仅要为这些人找到满意的工作,更要保证他们能够安心而去、安全而归,用自己的双手创造财富,安安稳稳地过好幸福日子。

在杜凤平的带领下,灵嫂家政培训中心为市场实际需求与劳动者之间搭起了一座桥梁,她将岗位送到群众家门口,解决了农村富余劳动力的就业问题,为群众外出务工求职、增加劳务收入打开了便利之门。

服务民生，推广居家养老

为了不断提升自己，时刻保持活力，杜凤平在繁忙工作之余，也经常参加家政经理人培训，并借着学习的机会与同行交流经验，互相学习，互相帮助。

2015 年，受太原家政协会会长的启发，杜凤平开始在广灵县当地推广居家养老服务。"现在很多年轻人出外打工，留在家里的老人通常缺乏照顾，还有一些生病的老人，由于儿女都要工作，也不能得到很好的照顾。"养老问题与民生密切相关，在我国全面进入老龄化时代的当下，解决好养老问题是利国利民的头等大事。

但随着媒体对养老院虐待老人、安全事故频发等负面新闻的报道，在很多地方，老人们已经到了"谈养老院色变"的地步，一些年轻人也认为，将老人送去养老院是极大的不孝。可生存的现实摆在眼前，想要维持一个家庭的正常运转，年轻人就必须把大部分时间和精力投入工作。"既然老人们不愿意去养老院，我们就把服务送到他们家里去。"山不就我，我就山；问题总要解决。杜凤平在先进思想的启发下，培训了一批专业人才，专门负责为有需要的老人做饭、洗衣服、打扫卫生，甚至还能陪重病出院的老人做康复训练……

"老人们的需要是多种多样的，有的只需要做一顿饭，有的需要做三顿，有的还需要我们为他们买菜；有的脾气不太好，有的比较挑剔。所以我们通常都会挑选年龄稍微大一点、更有耐心的人去为他们服务。"家有一老如有一宝，尽管这些老人不是杜凤平的亲人，但她打心底将他们当作自己的亲人，一心一意从老人的角度出发，考虑周到、细心全面地为他们提供最好的服务。

帮贫助困，大爱无疆永流传

地处山西省东北部的广灵是一个传统农业县，也是国家重点扶贫开发县。之所以贫困，一个重要原因是劳动者素质较低、观念落后，导致发展能力差。

为了帮助当地的贫困人群脱贫致富，杜凤平不惜耗费时间、精力与资金，成立了灵嫂益民爱心养老助残公益联盟，聚集了 100 多名志愿者。他们经常下乡给贫困户做培训,教给他们服务技能,同时免费送服务到家,定期为一些空巢老人洗衣服、打扫卫生;还组织捐赠活动,将受捐的粮油米面等生活必需品送到老人家中。

"政府提倡脱贫,怎样才能脱贫?就是自己可以养活自己。我们这边乡镇农村的劳动力资源比较丰富,很多人贫困的原因在于他们没有能力。要想真正让这部分人脱贫,光靠政府和善心人士的捐助是不够的,只有他们自己拥有了生存能力,然后将这种能力运用好,才能真正脱贫。"

为了更好地兼顾就业与养老问题,杜凤平鼓励学有所成的人员就近为当地老人服务。"有的时候我们也会接到来自乡镇农村等地的服务需求,但由于距离较远,县里面的服务人员都不愿意去,所以我考虑在每个乡镇都设一个办事处,盘活当地的闲散劳动力。比如有的人农闲时想做点事挣点钱,又因为某些原因不能离家,通过我们办事处搭建的平台,他们可以就近为雇主提供服务,既获得了收入,又解决了别人的需求,一举两得。"

短短三年时间,有勇气有担当的杜凤平做出了令许多人瞠目结舌的成绩。她经营的不仅是一家家政公司,更是别人对生活的希望。在杜凤平的帮助下,渴望提高生活质量的人劳有所得,希望脱贫的人看到明天会更好,有需要的人购买服务物有所值,鳏寡孤独老有所依……地方经济得到了发展,社会也更加安定。

未来,杜凤平将在北京设立自己的办事处,为那些愿意走出家门的人提供更好的就业服务。她还将继续拓展乡镇农村业务,加大帮贫助困力度,在做好家政工作的同时,培训更多的专业人才,为民生、为群众、为和谐社会,做出属于自己的贡献。

（高　敏）

妙手种红花　黄土变黄金

——访河南省信阳市光山县鼎峰生态农业专业合作社理事长胡友全

"胡总人厚道，这是让我们来挖宝呢！"

每当走进光山县鼎峰生态农业专业合作社，总是能从乡亲们的嘴里听到这样的夸赞。田间地头，处处都是忙碌并快乐着的身影。在干活的并非精力旺盛的年轻人，也不是学识渊博的农业专家，而是一位位对生活充满了感恩的大爷大妈。他们撒下种子、培育种苗、精心呵护地里的一朵朵小花，待到丰收时候，采花丝、收种子，几个月的辛勤劳动换来了丰厚报酬以及一家人的幸福生活。

乡亲们口中的胡总名叫胡友全，是当地的"名人"，他是全镇父老乡亲选举的县人大代表，有着老区人民的勤奋执着与踏实肯干，他善于探索，敢于尝试，不惧挑战，外出创业有成后返乡投资创建了鼎峰生态农业专业合作社；他苦心经营，将远在千里之外的藏红花引进大别山地区种植，带动当地经济发展，助力百姓脱贫致富奔小康；他关心民众，出钱又出力扶贫助困，发扬红色精神，将黄土变成黄金，为千家万户带去了希望与幸福。

心系家乡，艰辛创业

河南省信阳市光山县是有名的贫困县，闲散劳动力众多，由于各种原因，当地经济条件一直不好，年轻人为了家庭不得不外出打工，留在家里的唯有老人和孩子，种地的人越来越少，田地撂荒越来越严重，荒山荒坡成了当地唯一的风景。

出生于1972年的胡友全就来自这样一个地方，初中毕业后的他不甘在家务农，于2000年起在浙江德清县承包建筑工程。2003年回乡开办炉料加工厂，经营状况良好，收入颇丰。

然而，家乡的荒芜始终让他觉得痛惜，因为曾经在外漂泊，所以他盼归心切，他总是问自己,能不能找到一个办法,带领当地乡亲脱贫致富,让老有所养,壮有所用,幼有所教,贫有所依,难有所助,鳏寡孤独废疾者皆有所养。

2012 年,胡友全在魏湾村、陈岗村流转土地 100 多亩发展农业,并将周边的荒山荒坡都种上了玉米、黄豆、杭白菊等农作物,但一直经济效益一般。

2014 年 11 月,他将多年来自己辛苦打拼赚来的 100 万元,投资创建了光山县鼎峰生态农业专业合作社。

合作社成立后,为了尽快引进高效经济作物,帮助乡亲们脱贫致富,胡友全日思夜想,多方奔走。一次灵光乍现,他想起自己在浙江打工时见过当地农户们种植藏红花并从中收益的情景,他问自己,藏红花在北方的土地上是不是也能长得很好?藏红花又称番红花、西红花,是属于鸢尾科草本植物,原产于欧洲、地中海及中亚等地,明朝时经西藏传入中国,所以叫藏红花。藏红花的红色花丝在我国医药上的应用首次记载于《本草纲目》,它具有活血化瘀、凉血解毒、解郁安神等功效,近几年的研究发现,藏红花酸可以抑制肿瘤细胞生长和增殖,对帕金森症和前列腺癌有治疗和预防作用。藏红花在伊朗素有'红色金子'之称,在我国被列为珍稀名贵药材。

在对藏红花进行了一番全面了解之后,胡友全于 2005 年找到浙江省杭州湾地区建德市红芯农业科技有限公司,表达了自己想在老家大别山地区引进藏红花的想法。"当时,公司的人是不愿意的,因为他们对大别山地区的地理环境不熟悉,害怕亏损,所以一直犹豫。"为了解决对方的后顾之忧,胡友全决定破釜沉舟,他表示只让对方出资购买藏红花种球,余下的土地流转、田间管理、务工费用基础设施等一切工作都由自己一人承担,如果试种成功继续合作,如果失败则退还全部资金。在胡友全的诚意打动之下,对方勉强同意合作,双方各出资 6 万元购买了 2800 斤藏红花种球,红芯公司派了三名藏红花种植专家进行技术指导。

盘活闲散劳动力,土地里种出黄金来

2016 年 5 月份,第一批试种的种球挖出,胡友全连夜将新挖出的 4000 斤种球全部运送到红芯公司的合伙人家中,接受检验。这次试种共获纯利润 11.4 万元,亩均纯利润 2 万多元。意想不到的成功让红芯公司坚定了与他合作的意向。2016

年,红芯公司追加投资 80 万元,将种植面积增加到 30 亩。

胡友全说:"第一年试种期间,我们聘用了劳动力达 800 多个工作日,支出劳务费用 5 万多元,为 20 多个贫困家庭增加了经济收入。"让胡友全更加欣喜的是,他真的帮到了乡亲们,他接着说:"如果我自己每年种 60 亩地,赚五六十万元就足够了,但这么好的产品,必须要让它在我的家乡发展起来,让更多的乡亲能够从中受益,脱贫致富。"

为了尽快实现产业带贫富乡亲计划,2017 年,胡友全计划种植 100 亩带贫100 户。他在建档立卡的贫困户中筛选有种植能力的,每户发放藏红花种球 500斤,由合作社负责技术指导和产品回收,每亩保底收益 5000 元,多收益多返还。对于那些没有能力种植的贫困户,合作社实行认种制,每户每年保底 2000 元。除此之外,胡友全还为那些不愿意自主种植的贫困户提供到合作社务工的机会,每人每天工资不低于 80 元。"我的理想是,像中国的羽绒之都一样,将藏红花打造成我们这里的支柱产业,!"豪情激荡在胡友全的心中,人到中年的他早已超脱了对金钱的欲望,对胡友全来说,人生更大的幸福在于能够做一些真正有益于社会的事,帮助乡亲脱贫致富是他的人生理想,也是他为之付出所有努力的终生事业。

如今,鼎峰农业合作社已经与上海医科大学缔结了合作关系,共同开发高档护肤品以及饮品,"目前中国每年的藏红花产量只有 5000 多公斤,但市场需求量却远远大于这个数字。"胡友全对藏红花产业的发展前景充满了信心,他今后的工作重点将放在对藏红花价值的深度开发上,扩大亩产经济效益,真正让土地里种出黄金来。

帮贫助困,仁义为先

75 岁的胡孝禄,是胡洼村特困户。几年前的一次食道癌手术使他不能再从事体力劳作,耳朵也因为吃药落下了致聋后遗症。更让人心痛的是,他本有一个五世同堂的美满家庭,上有 98 岁老母亲,下有两个儿子、儿媳,孙子、孙女以及曾孙。然而大儿子前年因患肝病去世,治病花去 10 多万元,现在大儿媳带着儿子一家在外打工。紧接着,在外地打工的二儿子也查出了严重的肝病,不能干体力活,只能靠二儿媳在县城做环卫工维持生活。家庭的重担全部压到了胡孝禄和妻子陈召秀两位老人的身上。

得知胡孝禄的情况后,胡友全主动为他和陈召秀提供工作机会,两人在合作社从事一些除草、施肥、采摘等力所能及的劳动,每天能挣到 50~60 元。

"家中的顶梁柱塌了,还欠了债,要不是胡总像亲人一样照顾帮扶我们,我们家中老的老、小的小,日子真没法过了!"每每提起胡友全,胡孝禄都会流下感激的泪水。他说:"胡总知道我的情况,从来不给我重活干,我每天搬个凳子坐在地里,累了随时可以歇着,一天还能挣五六十元贴补家用。"

除此之外,每到过节,胡友全都会到胡孝禄家中看望慰问,送上生活必需品,他还以当地胡氏宗亲理事会会长的身份组织宗亲们捐钱捐物,帮助胡孝禄一家渡过难关。"2017 年,合作社免费向胡孝禄家提供价值 4 万元的藏红花种球 1000 斤,并提供 2 亩翻耕好的优质田和肥料,另外,我们让他的儿媳、孙子孙女也回家学习种植。以后每年除返还 1000 斤种球外,预计他们家每年可增收 4 万元左右。"像胡孝禄这样得到过帮助的还有陈乡村、赵岗村的魏圣强以及其他贫困户。乐善好施的胡友全也因此声名远播,成为当地有名的大善人。

积极建言献策,规划宏伟蓝图

胡友全的执着与坚持得到了市、县及镇领导与社会各界的关注。2017 年 4 月,胡友全随县扶贫办及镇有关干部深入到浙江省建德市三都镇,对藏红花产业在当地的发展情况、经济效益、主要销路和推广的可行性进行了一番深入的调研考察。

"我们找到浙江省建德市三都镇党委书记和分管农业的负责同志、三都镇藏红花种植重点村的支部书记等一起,探讨交流了该镇种植藏红的规模、政府出台扶持藏红花产业发展的政策规定,以及发展前景。还到当地几家大型的藏红花种植专业合作社进行了参观和座谈,之后又到该镇藏红花协会了解合作社和农户种植的藏红花球茎和花丝的情况。还深入到当地的藏红花种植农户家中,了解他们的种植历史,经济效益等。"

这次考察让胡友全看到了藏红花在三都镇发展的主要优势与不足,总结出在光山县发展藏红花产业的可行性,"我们这个地方的气候、土壤条件和浙江省建德市非常相近。他们那边虽然技术和市场都比较成熟,但土地狭窄,不利种植,且人工成本较高，我们这里土地和劳动力充足，唯一的劣势就在技术和资金。"细心的胡友全发现，与建德市相比，他们的劣势正是自己的优势，他们的优势又正好能弥补光山县的劣势，特别是光山县的人工成本相对较低，妇女和老人这样的半劳力比较适合种植藏红花产业，这样可以解决贫困户半劳力就地就业的问题。

为了能尽快让藏红花产业在光山得到持续、健康的发展，胡友全请求县里能参照建德市出台藏红花产业发展扶持政策，与该市就发展藏红花产业结对帮扶，实现产业优势互补，解决光山县发展藏红花产业的技术和市场问题，同时扩大藏红花种植规模，吸收更多群众参与到种植中来。

三天的考察很快结束，而通过这次考察，胡友全为乡亲们谋得了一个光明而又美好的未来。当地政府全力支持胡友全的设想，决定与建德市建成结对帮扶、合作共建友好城市，并参照该市的藏红花产业发展扶持政策，以砖桥镇鼎峰生态农业合作社为龙头，带动贫困户进行种植，逐步扩大藏红花种植面积，争取在 2017 年将藏红花种植基地发展到 200 亩左右。

没有人能想到，原产于地中海地区、小亚细亚和伊朗的藏红花，有一天能够盛开在中国的大别山区，正是胡友全这位不惧艰辛的先锋官，为当地百姓开辟出了一条脱贫致富之路。他审时度势，心怀善念，始终冲锋在前，"以后我们将加大技术投入，将藏红花的花苞也利用起来，拓展产品种类，拓宽销售渠道。"未来，胡友全将一如既往地带领父老乡亲们在无边的花海中撒下勤劳的汗水，用双手创造财富，让年轻人不再远出，让"留守儿童""空巢老人"成为过去式，让红色老区的每一个家庭都能幸福美满地生活在一起。 　　　　　　　　　　（高　敏）

梅花香在骨 秋水玉为神

——访湖南省常德市佑安堂董事长黄品若

孙思邈在《大医精诚》中说,凡大医治病,必当安神定志,无欲无求,先发大慈恻隐之心,誓愿普救含灵之苦。而在湖南常德就有一位这样的女子,她为传承"平衡医学"殚精竭虑,她为救人济世奔走疾呼,她常怀慈悲之心,用满腔热忱助天下苍生。她是医道怪杰王佑三大医师精神的传播者,湖南省常德市佑安堂董事长——黄品若。

因疾病偶然相遇 结电光火石之源

人们常爱用水形容女性,她们或像大江大河,或像清浅小溪,或像醉人佳酿,或像酷爽冷饮。而黄品若则像一杯淡香浮动的茗茶,清新典雅,越品越有滋味。说她像茶,她确实也爱茶。因为热爱,她甚至还开了一间品位不俗的茶舍——香雨轩。也是在这里,我们见到了她。

初见黄品若,她挽着发髻,身穿一袭墨绿色孔雀花纹长裙,举手投足间带着一股人淡如菊的风雅。在淡淡茶香间,我们和黄品若一起品人间真情,感世间冷暖。回顾、畅谈了传承"平衡医学"的往事。

她用柔弱的双肩担起那份责任,履行那份义务。在家庭与事业间,在助人与救世间,一件件感人的往事,一幕幕坚持的努力,让我们看到了黄品若作为妻子的贤淑,作为母亲的慈爱,作为女人的柔肠,作为医者的大爱……

黄品若说,茶有很多,她最爱擂茶,只因其中有生活的味道。"擂者,研磨也,取之于山野,烹之于征途,映日月星辰,染风霜雨雪;品之,呈优雅闲适之情,增粗犷豪迈之慨。它是跋涉者的"源泉",更是生活哲学的一种诗化。"说起擂茶,黄品若出口成章,其中是她对生活的深刻理解与感悟。

1970年2月,黄品若出生于湖南常德,20世纪80年代毕业于湖南电大。毕业后,黄品若进入常德农业银行工作。这在大家眼中是捧上了让人羡慕的金饭碗,一辈子都有了保障。可是安稳的生活也意味着平淡与一成不变。向往自由的黄品若有点厌烦了这如钟摆一样规律的生活。

1997年，在改革开放的浪潮中，黄品若下海，转做酒店管理，从国企领导到外企精英，她举重若轻、挥洒自如。15年时光如白驹过隙，黄品若积累了大量财富。但商海沉浮，也让历经大风大浪的她感到身心俱疲，心生厌倦。

在心灵渴望回归家庭、享受宁静的召唤下，2011年黄品若辞职了，从此对镜贴花黄、洗手做羹汤，做一个贤妻良母。然而卸下工作重担后，身体就仿佛像一台运转过度而老化的机器，各种病痛接踵而来。她感到浑身酸痛，甚至连行走都困难，到医院检查，原来患上了严重的骨膜炎，膝盖积水导致不能弯曲。

医生说她的腿不可能痊愈了，继续恶化的话甚至有瘫痪的可能。治疗的方法就是每三个月抽一次水，第一次竟然抽了7针筒的水。抽完以后，她腿上的疼痛大大减轻了，膝盖也能弯曲了，但是这只是姑息之策，治标不治本。随着时间的推移，膝盖的积水又会慢慢形成，越聚越多，而且抽水的疗法，只能缓解一时疼痛，随着抽水次数的增多，这种疗法也越来越不管用，最后她的腿就会废掉了，很有可能她的下半生，就将在轮椅上度过。这对一个事业型女人来说，不亚于晴天霹雳。

黄品若每天都在思考一个问题：如果自己瘫痪了怎么办？到老了她生活不能自理，要人照料，那凄凉悲惨的轮椅上的晚景，让她不敢想象。以前，她虽繁忙但不失优雅，将来她也只想安静优雅地老去。现在，这对她来说竟是可望而不可及的奢侈生活了。她甚至想，如果自己瘫痪了，活着还有什么意思？在就诊期间，她查阅了大量资料，尝试了很多民间中医疗方，不管什么方法，她都往自己身上试，只要有一线希望，她就不放弃。

在漫长的寻觅过程中，黄品若开始接触神秘的中医，从原始点医学到拍打疗法，她学习、探索、实践。她学习了中医上的方法，也寻找自己身上的原始点，进行按摩，然后通过拍打法治疗膝盖，再也不去医院抽水。一段时间后，她的腿疼痛感明显减轻了，通过反复拍打，膝盖竟然慢慢消肿了。

一年后，她的膝盖竟然自愈了，她行走自如，行动便捷，又恢复了原先的优雅和自信，又拥有了正常的生活，从此以后。黄品若开始深信正统医学之外的神奇，慢慢进入了一个全新的世界。

心有所想，必有所遇。2015年6月，黄品若在泽云酒店培训期间，认识了一位朋友，朋友送她一本书《医道怪杰》，她当时并未放在心上，把书放到了一边。直到几个月后偶然翻阅,才从书中认识了这个时代一位了不起的人:王佑三。

也就是这不经意的相遇,却如电光火石,激起了黄品若与佑三大师、与"平衡医学"厚重如山的缘分,也自此时起,黄品若的人生轨迹再次起了变化。

感恩"平衡医学" 传承佑三精神

2015 年,黄品若首次结缘"平衡医学",佑三软膏不仅调理好了她的身体,还治好了儿子的过敏性哮喘。惊叹于佑三软膏神奇的黄品若,被激发了强烈的好奇心,佑三软膏到底为何这么神奇? 她开始认真拜读王佑三老人的生平事迹。

几十年前,王佑三提出:原始本无医,传宗亿万年。几千年以来,人类就是仰仗着人体天然的免疫力才得以传宗接代,为什么到了现代,医学发展,各类抗生素被发明,可各种疾病痛苦却更加层出不穷呢。为了解开谜题,找到答案,王佑三用自己的身体做实验,破坏性地在自身动了 6500 多刀,在自己身上搞起了埋藏疗法,将铁丝和植物的茎、叶、根等异物碾成粉末埋在自己皮肤内实验,经过呕心沥血地钻研,终于研制出了调动人体自身免疫功能的人体细胞潜能激活剂:佑三软膏,创立了"平衡医学"学说。

平衡医学即是研究影响人类生存的机体外环境因素变化关系及其利用以期维护人由生物进化而完善机体素质质量的动态稳态的科学。在理论的基础上,成功从大自然中筛选出了数十种天然中草药,研发出"人体细胞潜能激活剂"。这一成果,在 1988 年 8 月 27 日,通过中国国际广播电台,用 38 种语言,向全世界进行宣告。

小小的一支佑三软膏,被美国称为东方魔膏,日本称为神膏和万能药。正像新华社记者赵勇在《内参》中所说:就挖掘调动免疫力方面,佑三软膏能囊括一个大药房,而一个大药房却不能囊括佑三软膏的价值。王佑三其实就像华佗那样,心怀大爱,心系天下苍生,不断用自己的行动,让更多的人享受健康、幸福。

越了解越敬佩,越深入越感恩。黄品若被佑三老人的故事感染着、激荡着。合上书本的黄品若心境久久不能平静。她立刻联系上了那位送书的朋友,"我想去蒙城一趟!"朋友问她干什么去,她说想见见佑三老人。朋友告诉她:佑三老人已经于2006 年去世了。

心痛,震惊,失落! 想到竟然永不能再见王老先生的音容笑貌,永不能听他谆谆传教,黄品若倍感遗憾惋惜。

但幸运的是,王佑三的后人在北京开了佑三制药厂,让那宝贵的星星之火得以传承保留。于是黄品若义无反顾地来到北京,怀着敬仰之情寻根溯源。

2016 年 11 月 19 日,安徽蒙城佑三路上行人络绎不绝,车队浩浩荡荡。全国各地无数受过王佑三救治或者现在传承他独创医学的人蜂拥赶赴蒙城,参加王佑三逝世 10 周年追思会。他们人人表情凝重,双眼含泪,心怀敬仰。

蒙城是古代先圣庄子故里,人们还修建了一条庄子大道,与庄子大道连接的是一条泥泞小路,三十多年前,这条路就因一个人而异常热闹,如今这条泥土路 经被修成宽阔的柏油马路,当地政府将其命名为佑三路。

黄品若带着五人团队也赶往蒙城参加追思会。在去的路上,还发生了一件事,"湖南长沙火车站候车室,一名乘客突然昏厥,正在候车的黄品若一行急忙上前施救,他们解开病人上衣,用随身携带的佑三软膏给病人搓身,搓红搓热,很快病人苏醒过来,围观者一片叫好。"黄品若说,她觉得这是冥冥中王老先生在天之灵的感应。

谈到王佑三的生平事迹,黄品若数次落泪。她说,王老先生一直孤独地行走在中医的路上,他用顽强拼搏、百折不挠的精神,创造了自己的"平衡医学"。他没拿过金牌,甚至连行医资格证也没有取得,而苦难与辉煌却系于他一身。他一生坦荡别无他求,唯一遗憾的是,终身无人能与他的"平衡医学"对话。

现在,黄品若开办了佑安堂,用佑三软膏继续传播大爱,造福人类。她说:"让我感动的不仅仅是王佑三对中华医道的传承与弘扬,还有他对五色人种的大善情怀,忍受打压,依然坚持研究。他研究的不是简单的医学,而是宇宙的生命哲学。我现在如履薄冰、战战兢兢,生怕给佑三老人丢脸。"

为助康健终不悔 愿以大爱洒人间

为佑三老人大爱精神深深感动的黄品若,成立了佑安教育咨询有限公司,开始在华南地区传播与践行平衡医学。经过专业系统的学习,比较透彻地了解平衡医学的理念与技法,从而调理好了自身的胆囊炎、咽喉炎等一系列疾病及帮助数以万计的患者恢复健康。于是,黄品若毅然决定,将"传播平衡医学,造福人类健康"作为余生使命。

谈到佑三软膏,黄平若满脸的骄傲与自信。一瞬间她又恢复了事业型女性的严谨,向我们细致的阐述佑三软膏的作用机理与功效。"它能激活并促进人体自我智能调整,达到'牵一发而动全身','不药而愈'的效果。"她用一连串的数字证明着佑三软膏的神奇功效,"经 208 项药物检测,无任何西药激素成分,通过皮肤就能激活人体天然的防御力,对治疗常见的 58 种疾病和外伤有显著疗效。佑三软膏外用后,瞬间提升吞噬细胞的吞噬率 1.97~2.61 倍,血清溶菌酶 2.01~2.88 倍,作用皮肤持续 6~8 小时,世界领先。

谈到未来的规划,一幅蓝图早已在黄品若心中绘就。

——未来 5 年在常德地区免费培育出 10000 名合格的家庭全科保健医。

——未来 5~8 年时间,在常德地区开设 36 家佑安堂社区体验店。

——走进全市的幼儿园,给我们的孩子树立正确的健康理念,让我们的孩子少打一次针,少吃一片药,少受一次伤害。

——让千家万户成为平衡医学的受益者。

黄品若说,"我们不是医生,却帮助无数患者康复;我们不是在做保健,而是让人们更好的体验感悟人与机体及自然之间的关系;让医学从冷冰回归温暖,回归人文。"这是佑三老人的心愿,也是黄品若的追求。

品若梅花香在骨,人如秋水玉为神。黄品若就像梅花一样,不畏孤寒,只为将"平衡医学"大爱洒满人家。 (高 敏)

人物小帖子:

王佑三和他的平衡医学

王佑三,平衡医学创始人,他在 1963 年从事医学研究时,就发现人类医学走入了误区,那就是利用化学药物和抗生素治疗疾病,而忽略了人体自身的天然免疫力。作为乡村医师的王佑三,思考的却是医学的大问题。现代医学的法宝——抗生素似乎走进了一条死巷。抗生素的临床剂量越来越大,高质量换代产品越来越多,但机体的耐药性、抗药性越来越强,而治病的效果越来越差,于是王佑三要发明一种能治百病的药,而且没有抗药性和耐药性。这不是吹牛和妄想,他把方向设定在对人体自身防御力、治病能力和修复能力的激发和调动上。而怎样把人体这种潜力激发、调动出来，就成了王佑三探索"能治百病的药"的突破口。

王佑三是个天才的实验科学家，完成动物实验之后，他开始拿自身做试验，为了使自己身体抵抗力降低，他三天三夜不吃饭，不休息，然后在自己身上分别做了刀伤和烧伤，并且用动物粪便、污水等十几种水质污染物冲洗伤口，使他人为地感染，再把他发明的药涂在伤口周围，观察它的感染和愈合程度。就这样他做了6000多次的自身破坏性试验，终于在大自然中筛选出这种药物——佑三软膏。王佑三认为，由于人体潜在的抗病能力存在着惰性，如果通过合理的刺激、引发、改变这种惰性，把潜在的抗病能力调动起来，就可起到防病治病的效果。原始本无医，传宗亿万年。人类就是仰仗着机体内的天然防御力，维护机体的自稳及科属的繁衍。人体的天然防御能力是在漫长的岁月中和恶劣的大自然斗争中逐渐完善的合理的结构系统。这种结构系统是对付一切疾病的"万能药"。现代医药应该为个体提供这种助力，而不是外力替代。

关于药，人们都知道要对症下药，可是王佑三的药却不是针对具体病灶的所谓"病菌"之类的东西，而是调动人体自身的潜能。这一点，在现在的教科书里是找不到理论指导的，王佑三当初的经历有点像爱迪生发明灯泡，为了找到一种适合做灯丝的材料，他把头发和胡子拿来试一试。而王佑三则是把所有的中药，放在一起排列组合，进行试验。

王佑三的天才在于，一般治病，大家认为是药的作用，而他却认为是自身免疫功效的作用。

正如美国国立卫生研究院的美籍华人王世雄博士所说：王佑三先生，你现在是用一种药物治疗20种疾病，而我们是用20种药物治疗一种疾病，你从一开始就进入了医学的主流，而我们却走了几十年的弯路，你是人类的骄傲，更是我们华人的骄傲！

平衡医学是研究影响人类生存的机体内外环境因素变化关系及其利用以期维护人由生物进化完善机体素质质量的动态平衡稳定的科学。

常规医学偏重于使用抗生素和其他化学药物直接作用于致病因素，来达到治疗之目的。这样用药的致命点有二：

一是损害了人体的内部环境，使维持人体正常运转的双歧杆菌数量急剧下降,破坏了人体的微生态的平衡,致使有害病菌乘虚而入,在体内大量繁殖,造成机体病变。同时根据"用进废退"的原理,以抗生素取代人体天然防御功能,便导致这种功能的退化、衰竭。仅以人体卫士白血球为例,在没有医学的古代正常值为1万;药物应用后降到8千;化学抗生素药物问世,降到6千;近10年人们又搬出了地塞米松激素类药物,不仅治不了任何疾病,白血球又降到了4千、4千以下,当人体白血球降到零时会出现什么后果,人类还会在这个星球上存在吗?有谁思考过这个问题!

二是培养锻炼了病原微生物,使其有了耐药性,出现了跳动基因变异繁殖,致使药源性、医源性疾病普遍发生,及至诞生了任何药物都不怕的病菌、病毒。近几年来,这些经过进化的新品种联合杀上阵来,常规治疗方法显得力不从心。

1981年元月,在日内瓦召开了一次有12个国家参加的医学专家会议,专门讨论"紧急对付抗生素日渐失效"的问题。英国报端载文论断:抗生素是某些新病之源。世界卫生组织向全球发出了"滥用抗生素无疑是玩火"的惊呼!

正是在这样的大背景下,王佑三先生的平衡医学问世了。他认为,常规医学依靠直接作用于人体致病因素的外来药物,永远不可能提供人体所需的十分恰当的平衡量,药物对人体的副效应在所难免,因为它只考虑到了人体动态平衡,忽略了动态平衡稳态的医疗效果,这就犯了本末倒置的方向性错误。有鉴于此,平衡医学则主张以挖掘、调动、调节、利用人体天然防御系统的活力作为防病、治病的基础,让人体防病的内因直接与致病的外因交火,这不仅可使疑难疾病具有根治意义,更主要的是人体清除了新的致病基因,达到了动态平衡稳态的健康效果。这一疗法又称之为"主动疗法",尽管它不排除采用常规医学"被动疗法"作为辅导手段,但两者却有了质的区别。

为此,王佑三先生为了引发出人体自身强大的抵抗力,通过数千次试验,在浩瀚的大自然中筛选出数百种人体细胞的敏感物质,利用制剂学方法,制成一种新的超常规药物。人体细胞潜能激活剂刻意用来挖掘人体防御系统的潜在活力,与疾病抗衡。人体细胞潜能激活剂的问世,使繁杂而艰难的医疗学一下子简单化了,这种药物本身虽不能杀死任何一个病菌,但却具有迅速增强吞噬细胞活动的能力,吞噬率增强1.97至2.61倍,可提高血清溶菌酶含量2.01至2.88倍,能起到"一石百鸟"的作用。因为它只作为一种合理外因,牵一发而动全身地改变了人体天然防御系统所处的惰性状态,使之进入战斗,以不变应万变的抵御各种致病因素的入侵。由于它不直接作用于各种病菌,因而它既不会使病菌产生抗药性、耐药性,也不会对人体产生任何毒副作用,导致药源性、医源性疾病的发生。人体细胞潜能激活剂的问世,打破了化学药物的一统天下,转变了人们的固有观念,为医学的发展开拓出一片新的天地。

例如:复方樟脑软膏,它虽不能治百病,但它通过皮肤细胞效应(皮脑),却可唤出百病之克星(人体抗病潜能)。同时使医学进入突破性的领域。人体细胞潜能激活剂问世以后,近30年里不仅使数以万计的垂危病人起死回生,同时也对世界公认的疑难病症有了重大突破,且比常规疗法的医疗费用减少20%至80%,它所创造的医疗奇迹,早已被国内外近百家新传媒传为美谈。

人体细胞潜能激活剂的发现,再一次证实了:事物"由简到繁,由繁到简"的发展规律。这表明了人们对事物的认识在不断地发展、深化和升华。正如一位哲学家所言:我们所要探索的终点,原来正是我们的出发点。原始本无医,传宗亿万年。难道这还不足以引起我们的深思吗!

历经风雨见彩红
——访山西运城新绛县春云养殖专业合作社理事长贾春云

她是位巾帼标兵，女强人；她是个爱做梦的人，年轻时和丈夫一起创业，打工、开饭店、养羊，憧憬着美好的未来。丈夫去世后，她凭着坚强的毅力，担起了全家的生活重担，继续着丈夫未竟的事业，将方圆一带最大的品种羊养殖场经营得有声有色，不仅自己致了富，还带动了周围很多群众脱了贫。她就是山西省运城市新绛县的贾春云，她 2016 年被新绛县授予"巾帼建功标兵"称号，并获"五一劳动奖章"。最近，我们采访了她，感受到了她不屈的精神和顽强的魅力。

爱折腾的小夫妻

贾春云个子不高，小巧玲珑。我们来到光村时，左邻右舍纷纷夸她，说她是个"才女"，善于接受新事物，干啥一看就会，事事叫人放心。20 来岁时，贾春云就是光村周边有名的"巧手裁缝"，做出的衣服总是既得体又时尚。而贾春云的丈夫结婚前就是当地小有名气的厨师。共同的上进心使他们走到了一起。婚后，夫妻俩一直在太原、新绛等地的饭店打工，小夫妻互相鼓励共同进步，几年后都学得了一身的技术和管理经验。有了技术和经验，又有了一定的经济基础，小夫妻就想干出一番属于自己的事业，贾春云对丈夫说："我们不仅要将日子过好，还要有所成就。"她的提议正合丈夫的心意，小夫妻一拍即合，于是他们筹集了资金，租赁了房子，在工商部门申领了营业执照，于 2003 年底开起了自己的饭店。自己当老板，实现自己的创业梦。

小夫妻开了自己的饭店，丈夫认真做厨师；春云负责管理和迎来送往。夫妻二人诚信经营，热心服务。饭菜味鲜可口量足，赢得了广大食客的认可和赞誉。饭店虽只有 40 来平方米，但常常顾客盈门，生意红火，有时还出现排队或预订的现象。有了一定的经济实力，一年后她们就盖起了自己的小院，上下两层楼，他们聘了厨师和伙计，添了桌椅和板凳，开始了更高档次的饭店经营。夫妻两起早贪黑，诚信经营,获得当地老百姓的一致好评,成了十里八乡餐饮方面的一个品牌。这一干就是八年,看着饭店经营得有声有色,天生爱"折腾"的小夫妻又有了新的想法:搞养殖,养羊。她们打着小算盘:一只羊两年生三胎,每胎两只,一般肉羊三四个月就能出售,每只能卖两三千元;种羊需十个月出售,每只能卖一万多,如果每胎三只或四只呢……她们心里乐开了花。

她们坚信,只要有梦,希望就在美好的明天。

他们坚信,前面一定是美丽的风景……

风霜雨雪严相逼

贾春云夫妇准备养羊。但创业的路并不平坦,有时布满了荆棘和坎坷,这次对他们来说,还有无尽的风雨雷电。2011 年,她们筹集了 40 多万元资金,租赁了村里的十几亩场地后,便紧锣密鼓地盖羊舍请师傅,开始了自己的养殖事业。他们知道养殖也是科学,一样马虎不得。两人就到各地的大型养殖场去考察学习,发现选择种羊最关键。于是,他们就奔赴北京的一家种羊养殖基地,运回来 10 只种羊,再去山东拉回了母子小尾寒羊进行杂交,使其繁殖发展。为养好他们的宝贝羊,夫妻俩吃住都在羊棚,每天忙得像不停歇的陀螺。尽管如此,第一年她们仍赔了近 18 万元。但夫妻两没有被困难压垮,而是四处走访其他养殖专业户,请教专家学习技术。第二年,他们终于迎来了"羊"年的春天,填补了上一年的亏损。并于 2013 年成立了"长青养殖专业合作社",丈夫担任了理事长。

就在两人春风得意喜上眉梢的时候,养殖场突然发生疫情:整圈整圈的羊精神不振,有的气喘,还咳嗽。贾春云和丈夫急得束手无策,赶紧向有关专家请教,寻找治羊病的良方。经兽医专家的诊看,她们给羊买了药,给一只只羊灌进肚。经过几天没日没夜地悉心照料,病羊终于好转。她们才松了一口气。没想到,接下来又遭遇了羊肉价格暴跌。因他们是专门饲养的种羊,价格跌得更狠。这几乎让两人投资的100 余万元损失了一大半。

谁知屋漏偏逢连阴雨,意想不到的厄运再度降临。2015 年 6 月,贾春云的丈夫突发心脏病,尽管采取万般措施紧急抢救,还是没有挽留住他年轻的生命。

贾春云的天塌了,她哭得死去活来……今后的日子怎么过呀:婆婆患心脏病多年,不能受累;公公前几年摔伤,腿部残疾不能干活;年幼的儿子和上高中的女儿无依无靠,更有羊圈里每天等吃等喝的 400 多只羊……她不由仰天长叹:老天哪,你怎会如此不公?

这个家乱成了一锅粥。

独自撑起一片天

丈夫去世了,她的靠山倒了。那阵子,她家里的老人和小孩都沉浸在悲伤之中,邻居看了都不由想落泪。贾春云整天以泪洗面, 她怎么也想不到老天会如此地对她。她对未来一片茫然。

世间的事往往看似"山穷水复疑无路",却又"柳暗花明又一村"。就在家里遭遇巨大灾难,贾春云心力交瘁,对未来一片茫然之时,当地政府和妇联等相关部门向她伸出了热情的双手:到她家慰问鼓励,积极帮助她贷款,给了她家有力的支持;以前合作过的养殖户也伸出了援助之手:资金周转不过来,大家四处筹措帮忙;不懂技术,大家就帮贾春云干活,教技术……公公婆婆也尽力到场里帮忙,甚至幼小的儿子也帮她打草喂羊。在大家的热心支持帮扶下,曾经万念俱灰的贾春云又挺了过来,她鼓足勇气坚定信念,重新勇敢地面对现实,她暗暗对自己说:"一定要坚强,不能倒下去,这个家得有人撑起来。"

磨难对弱者是走向死亡的坟墓,对强者则是生发壮志的沃土,真正的力量来源于内心的坚强。贾春云就是这样的强者,你瞧,她勇敢地站起来了,她将丈夫名下原来的"长青养殖专业合作社"改为"春云养殖专业合作社",自己担起了这个责任。为更好地将养殖场管理好,她雇佣了工人。她对羊价的暴跌仔细进行了分析,发现最主要的一个原因是羊的品种不好,养殖技术落后。于是,她决定引进优良品种。

萨福克羊(Suffolk)原产英国东部和南部丘陵地,南丘公羊和黑面有角诺福克母羊杂交,在后代中经严格选择和横交固定育成,以萨福克郡命名。现广布于世界各地,是世界公认的用于终端杂交的优良父本品种,美国密歇根州州立大学的绵羊教研室认为这是"世界上生长最快的绵羊"。萨福克羊早熟,生长快,肉质好,繁殖率很高,适应性很强。68 日龄断奶重为 54 公斤。120 日龄体重为 92 公斤,断奶后在 60 天内的生长速度为 730 克 / 天,饲料转化率为每公斤增重需要 3.87 公斤饲料,繁殖率达到 175%~210%。贾春云获得此信息后，非常高兴，立即投资引来了此品种，让它和自己的其他羊交配、繁殖，很快便取得了良好的效果。几年下来，她的养殖场由原来的十几只羊发展到 500 多只。她优良的种羊吸引了周围的养殖户，她的羔羊一出窝便被买走，使羊肉生产水平和效率显著提高。更多的养殖户用它来提高当地羊的产羔率。同时，她积极参加新绛县及大型养殖场举办的养殖培训班，学习养羊的疾病防治、种羊的繁殖等有关技术。有了知识她如虎添翼，信心更足了，她定期对羊舍进行杀菌消毒，还不断对羊打预防针，进行病疫防治。平时，她谦虚谨慎，不懂就学不会就问，很快就成了"半拉子"兽医。她常常蹲在羊舍里，观察羊的情况，凡发现羊咳嗽、气喘等不正常情况，他就向兽医请教，立即采取措施进行救治，以免形成大面积传染；她还对羊的饲料进行科学合理搭配，对羊进行科学的喂养，尽量使她的种羊繁殖率提高，每胎两三只三四只。据她的儿女们说，她现在也学会了上网，有不懂的养羊知识马上到网上搜索。她还在电脑上查询哪有羊的新品种呢。她还会玩微信，她的微信昵称"云开日出"，挺有含义。

如今，贾春云的"春云养殖专业合作社"已成规模，种羊已发展到 500 多只，无论在规模上品种上，都成了周边县市最大最好的种羊养殖场。2016 年新绛县授予她"巾帼建功标兵"称号，并获"五一劳动奖章"。贾春云也成了既懂管理又懂防疫治羊病的半拉子兽医。

谈及荣誉，贾春云说："那是上级对我的支持。"谈到未来三五年的目标和打算时他说："我没有太高的文化，也没有更高的目标，我只想公公婆婆身体健康，将儿女供养成人，养殖场引进更多的优良品种，使我的养殖场的种羊更优秀，繁殖率更高，为周边的村民提供更多的品种，让更多的村民走上这条致富路。"

这几年食客对羊肉的需求量越来越大，肉羊的价格已逐渐回升，今后几年羊的市场前景十分看好，如果资金允许的话，她还想养肉羊，实行两条腿走路的发展模式，以求更快的发展。

也许是太多的坎坷磨炼了她的性格，也许是人到中年，也许是家庭沉重的负担，她一天比一天沉稳。她的目标实实在在，我们祝愿她的目标圆满实现，祝愿春云养殖专业合作社踏平坎坷成大道，事业越来越辉煌。

（高　敏）

展精工鸿图　耀中华雄威

——访东莞市鸿威模具有限公司总经理蒋功奎

　　一提到机械加工领域的精工技术,许多人都会不自觉地跨入由来已久的思维定式——尖端产品必出自德、日、美等发达国家。实则不然,在当今世界机械加工领域,特别是高精度模具行业,中国企业复制模仿、受制于人的局面已经得到了彻底的改写与终结。这其中,东莞市鸿威模具有限公司总经理蒋功奎贡献卓著,功不可没。

　　有许多人说,蒋功奎拯救了一个行业。这是因为,在他的努力之下,中国的高精度模具行业彻底摆脱了模仿、复制等简单运作的尴尬境地,拥有了自己的创新灵魂和前进动力,缔造了中国品牌和鸿威精神。有许多人说,蒋功奎创造了一个时代。这是因为,在他的带领之下,中国的高精度模具行业突破了笨重、粗糙等低质发展的桎梏困局,建立起了自己的发展自信和创造引擎,展现了泱泱大国的智慧与风采。还有许多人说,蒋功奎树立了一面旗帜。这是因为,在前进道路上,他始终秉持工业强国梦想、高擎"企业家精神",吹响了中国品牌的进军世界的嘹亮号角,佳作频出、精彩不断……

　　因此说,中国当代工匠蒋功奎为中国企业家精神做出了最为现实和完美的诠释。

梦在心里　路在脚下

　　确切地讲,蒋功奎的成功经历是一个从打工仔到技术精英再到风云人物的现实版励志经典和成才佳话。

　　20世纪70年代初期,蒋功奎出生于广西钦州市浦北一个贫困家庭。受父母影响,蒋功奎自小就养成了坚强、专注、内敛、踏实的性格。艰苦的生活不仅磨炼了他的意志,还赋予了他与年龄极不相符的责任与担当。因此,蒋功奎自少年时代起,就暗下决心,长大以后,一定要用自己的双手改变命运,改善家中生活境遇,更要为国家昌盛、民族富强贡献自己应有的力量。

时光如梭,转眼间,蒋功奎到了 18 岁。那一年正值 20 世纪 90 年代初,改革开放的浪潮席卷了祖国的大江南北,蒋功奎生长的小山村自然也不例外。面对着百业俱兴的大好形势,刚刚成年的蒋功奎背起行囊,南下深圳,在宝安区一家吸塑工艺生产塑胶制品公司做了一名普通的工人。

尽管这是一个普通的工作岗位,但蒋功奎却干得专注而精彩。在他的手中,不论简单组装,还是精细加工,他都以极致为标准,力求精益求精。让公司老板欣喜不已的是,自己在人海中寻到了一个大有培养前途的人才。不久,这个年轻人不仅总结出了自己的一套技术经验,并对公司的管理也提出了颇为独到的见解。

随着蒋功奎人生视野不断拓宽,他的事业舞台也在不断延展,同时他的才华也得到了多位业内人士的赏识。不久,一位香港老板经过多方打听找到了蒋功奎,经过一番接触后,力邀他加盟自己的模具厂。为了进一步开阔眼界、提高水平、丰富阅历,蒋功奎欣然前往。在这个全新的人生舞台上,他如鱼得水,全面接触了更新的发展技术、发展理念与管理方法,很快成长为一位集技术、管理、业务等本领为一身的全能人才,同时心中也萌生了做技术、兴实业的想法和愿望。

1997 年底,蒋功奎拿出自己几年来的辛苦所得,在深圳宝安成立了印刷器材经营部,主要业务就是经营刀模材料。由于他为人诚信务实,加之产品质量上乘,很快就赢得了口碑与市场,不久就完成了刀模材料经营到五金厂再到鸿威刀模有限公司的三步式跨越。一年后,他在东莞市长安镇正式注册了东莞市鸿威刀模有限公司(以下简称鸿威)。

自此,鸿威便开创了民族模具品牌的全新篇章,而蒋功奎也由东莞走向了全国,走向了世界。

以质取胜,以精求成

鸿威自问世之日起,蒋功奎就为它赋予了"精细、精准、精致"的使命与内涵。

鸿威成立伊始,蒋功奎就明确了公司的服务项目:一是服务于日常民用领域,主要包括医疗器械、汽车发动机部分精密零件、电子通信设备、包装以及消耗品行业;二是服务于精密光学技术,提供高质量和高精准度的光学变焦镜头、LED 和导光板等光学产品。几年后,鸿威已在国内同行业中遥遥领先。于是,蒋功奎便将发展目光锁定到了国际前沿领域,专门从事高精度的模具制造。

蒋功奎追求质量,对于技术的要求近乎于苛刻,将"精细"两个字贯穿到管理的方方面面。他依据国际标准制定了一套完整的质量认证管理系统,形成了一套特有的质量流程,实施了一套严谨的管理制度,打造了一个严密的监督体系,不仅全面满足 ISO9001:2008 要求,而且管理水平稳居世界前列。实践中,他推行全程化的精细管理。结合生产项目,成立包括工程、生产技术以及质量控制三项功能的团队小组,按照最高标准和客户需求,严格把控质量和进度,全面解决设计工程、机械加工和质量控制方面的问题。一直以来,鸿威的生产项目 100% 得到客户认可和好评,鸿威的组件尺寸 100% 通过专项检验。

蒋功奎崇尚科技,对于标准的执行近乎于完美,将"精细"两个字贯穿到生产的各个环节。他视质量为企业生命,视创新为发展灵魂。走进鸿威,如同步入了高精技术殿堂,车间里陈列着全球最先进的机械设备、高精密检测仪器,执行着全球最高端的行业标准和制造技术。这里有英国 LK 三坐标测量机、美国 OGP 非接触式光学二次元影像测量仪、日本三丰测量显微镜、激光测微计、投影仪和高度仪以及德国高倍数(280 倍)显微镜,这里有日本 Yasda 数控坐标镗床、日本三菱火花机及线切割机、大同精密磨床、德国大功率激光切割机,这里还有日本 Matsuura 五轴数控加工中心、德国 Roders 四轴数控加工中心、瑞士 Mikron 数控加工中心。但蒋功奎的发展格局却远不止于此,目前他正酝酿着扩充设备,购置 5 台当今全球最高精度的机王,实现生产能力和质量的跨越式提升。

实事求是地讲,鸿威生产的精密零件精度完全可以控制在 ±0.002μm 之间,并拥有多项核心技术和雄厚的自主创新能力,特别是生产的多型腔(16-CAV、192-CAV)高精度模具和模具零件稳居世界前列。特别值得一提的是,苹果公司等 10 余家世界五百强客户主动牵手鸿威,纷纷与蒋功奎建立了稳定的业务合作关系。

放眼未来　气度非凡

如今,能够生产和制造世界尖端产品的蒋功奎,已经整整在这个精密模具领域打拼了 30 年。用他自己的话来讲，中国高精密模具生产技术由弱到强的发展历程恰恰也是他本人成长与鸿威发展的真实写照。一路走来，有过艰难、困苦、窘境和挣扎，但长驻于他心头的却是攻破技术难关、登上世界顶级殿堂的收获，却是中国企业拥有更多话语权和传承中华工匠精神的喜悦。

30 年来，蒋功奎内外兼修，痛并快乐着！30 年来，蒋功奎以德图强，忙并充实着！

在鸿威，蒋功奎以人为本、任人唯贤，积极搭建员工成长平台。他大力引进文化素质高的管理人才，建立并实施了员工培训以及业绩管理薪金制度，极大地激发了全员的工作热情；他广纳良才，面向全国招聘经验丰富的设计、数控编程工程师，将产品开发咨询、计算机辅助工程分析、三维模具设计、机械工程制图、数控编程以及项目研发等项工作提升到了全新水平。

在鸿威，蒋功奎从不以老总身份自居，总会以普通员工和知心朋友的身份出现在员工的眼前。他经常下车间，视察生产线，和技术人员一块确定研发思路和发展重点，解决存在难题；他经常与普通员工谈心，交流思想，主动帮助他们解决生活困难、解除后顾之忧……

如今的鸿威，一派欣欣向荣的繁忙景象，成为沟通世界的技术桥梁。占地近 10 亩的园区绿草成茵、环境优美，员工宿舍楼、办公大楼、配电房、食堂、休闲区干净整洁、功能完备，60 余台精密仪器昼夜运转、秩序井然，来自美国、日本、德国等世界各地的意向、订单和产品目不暇接、源源不断……

如今的鸿威，一派生机勃勃的发展气象，引来了国内外高度的关注目光。2013 年 10 月 15 日，原广州军区副司令员周玉书中将一行莅临东莞市鸿威模具有限公司视察指导工作，现场即兴挥毫，手书"鸿威模具，弘扬天下"八个道劲大字，高度赞扬蒋功奎的创业精神，充分肯定了他对于振兴民族品牌的卓越奉献，寄予鸿威领航民族工业品牌的殷切厚望。

伴随着"一带一路"倡议实施和党的十九大胜利闭幕，蒋功奎深受鼓舞。他将在现有基础上，进一步强化技术优势、提高创新能力、优化产品质量，实现企业由大到强、产品由细到精的提升与转变；他将在新的起点上，积极为国防事业贡献自己的智慧和力量，为实现中华民族伟大复兴的强国梦而不余遗力！　　　　（高　敏）

用心点亮生活之美

——访广东省深圳市简花艺工作室创始人秦莎

纯粹的真,是过尽千帆矢志不渝,守护内心深处的追求。真正的善,是几经风雨不改初心,坚持最高标准的服务。极致的美,是每时每刻珍视生活,传递点点滴滴的美好。秦莎,一个如十里春风般清新而美好的女子,爱花,爱美,爱生活。她与简花艺一起,用心点亮生活之美。

真——发现花艺天分,为了兴趣选择转行

2002年,自小对艺术感兴趣的秦莎刚刚从四川美术学院毕业。这位风华正茂的美院高才生,顺利进入了深圳市知名企业——歌力思服装公司,担任平面设计工作。

在日常工作中,秦莎主要负责品牌推广活动。作为一个时尚服装品牌,公司有用鲜花装饰办公室的传统,前台和休息区都会放一些花艺作品。刚开始,公司里并没有人对这个额外的工作感兴趣。偶然有一天,匆匆路过的秦莎突然被那一簇簇充满生机的鲜花所吸引——生如夏花之绚烂,花朵不仅象征着美,更在用每一次的绽放喧嚷着生命的活力……

抱着试试看的心态,秦莎第一次走近鲜花,尝试着做出了一个简单而不失美感的花艺作品。没想到,这个小小的创作受到了同事们的一致好评。在大家的鼓励下,秦莎接下了每周布置鲜花的工作,按自己的审美去创造一些花艺作品,一坚持就是两年。每次她做出来的作品,总是被同事们赞扬。大家一致认为,秦莎是一个对花艺有惊人天分的奇女子。

在大家的鼓励下,秦莎开始进一步接触花艺世界。为了提高自己的花艺水平,秦莎放弃了优哉游哉的休息时间,决定利用周末去香港插花艺术学院系统学习花艺知识。后来,为了更好地学习,秦莎选择了网络鉴赏花艺,通过打磨自己的审美,在"形"的基础上,逐渐进入到"神"——慢慢形成自己的美感和风格。

世界上有两件事不能假装,爱和梦想。2009 年,出于对花草的热爱,秦莎决定辞去现有的工作,转行成为专业花艺师。这个决择存在很大的风险,因为当时花艺在大家的印象中,只是路边花店的雕虫小技。而服装公司的平面设计师工作,让她可以与世界顶尖的超模合作,可以和国外团队拍摄广告大片。但是,秦莎很清楚自己最想要的是什么——她已经看到未来正在闪闪发光的梦想……

善——创造点滴美好,全心全意服务客户

不要为曾经做过的事或选择的路而遗憾,因为你的所见所闻都将成为未来展翅飞翔时助力的那股风。通过在公司自创花艺和在香港系统学习而获得的经验,使秦莎的花艺风格别树一帜。在她的精心打造下,绣球、玫瑰、桔梗这些看似不是一家人的花花草草们迸发出奇异的光芒和能量。于是,她开创了一间花艺工作室,起名简花艺,希望生活变得简单而美好。

自从简花艺工作室开工以来,第一个大单就是在深圳一个小型发布会上的法国化妆品品牌 sisley(希思黎)。从接到单子开始,秦莎就一直琢磨该如何把希思黎的风格表现得恰到好处。因为临近圣诞节,她选择了红色和深绿色的圣诞搭配,并在其中点缀了灰色,让颜色更富有层次感。此外,她选择了比普通玫瑰更昂贵的黑玫瑰,让它那天鹅绒般的质感衬托出品牌的气质。花艺设计完毕,初出茅庐的秦莎心里忐忑不安。没想到,当所有花艺布置到位后,品牌负责人赞不绝口:"不错,效果很好!"听到对方的肯定,秦莎如释重负,更增添了一分对花艺创新的胆量。

2017 年 6 月 28 日,PHOTOFAIRS 在 e 当代美术馆举办藏家之夜晚宴,秦莎受命成为晚宴特别邀请的顶级花艺师。作为亚太地区最具影响力的艺术影像平台和国内唯一专注于影像的国际化艺博会,e 当代美术馆由国内顶尖的评论家、策展人、教授、著名艺术家、收藏家,国际美术馆知名人士和专业团队组成。e 当代美术馆定期举办中外当代艺术学术专题展、精品收藏展,在国内声名远播。为了搭配藏家之夜晚宴前卫而自然的风格,秦莎选用森林系的花材搭配,用洁白的鲜花搭配新鲜的叶子。在西餐的金属餐具和高脚玻璃杯之间,打造出一股来自森林的清新之风,让人们在开展关于艺术影像收藏的讨论和对话时,尽情品味 e 当代美术馆的前卫风格。

2017 年 7 月 8 日,秦莎又接到了一个特别的邀请,为莱茵集团德国高层的欢送会设计花艺。考虑到主人公是一名经验丰富的物理工程师,又来自以严谨闻名的德国,她别出心裁地选择了试管和烧杯作为花艺器皿。纯白的郁金香,淡绿色的绣球花,鹅黄色的小雏菊……一枝枝清丽雅致的花儿被安置在透明的物理器皿中,或在半空中冉冉起舞,或在试管架上安然伫立,犹如精灵般轻盈,又充满了简洁的实验室风格。当主人公来到欢送会现场时,为这种贴心又充满创意的花艺作品感动不已。

花艺设计千变万化,但始终不变的是那颗全心全意的服务之心。与企业合作时,她为了搭配高档奢侈的品牌风格,用心挑选花材,臻至完美。与家庭合作时,她注重量身定制,使宾主尽欢,赢得全家人的交口称赞。甚至在创意十足的新娘提出要拿西蓝花当捧花的要求时,她也能脑洞大开,让普通的西蓝花摇身一变,成为婚礼上一抹别致的风景……涓涓细流般的点滴美好,在秦莎的手中始终流淌不息!

美——赠你一双慧眼,用心点亮生活之美

在深深浅浅的花香中工作,在纷纷扬扬的花朵中生活,似乎是很多女孩子梦寐以求的人生,然而,花艺师的工作并不像常人想象中那么简单。花草与一般产品最大的不同之处在于保质期短,花枝娇嫩且易耗损。

工作虽然辛苦,但客户的认可给了秦莎莫大的安慰。简花艺团体的精致设计、出色的配色和布置,为她的团队赢得了众多客户,在行业内声名鹊起。花艺工作室慢慢起色,引来了多家媒体对简花艺工作室的采访。有一天,凤凰出版社的图书编辑找到了她,提出了出版家庭花艺书籍的建议。

毋庸置疑,与平时的商务花艺大为不同,家庭花艺的随意性、简单性和实用性又一次给秦莎带来了挑战。为了完成这个任务,下班和周末的闲暇时间,都被她用来进行家庭花艺的研究和创作。在她的努力下,成果斐然——

2014 年,《我的插花日记》出版,很快就成为当当网同类书籍畅销书,并时常荣登榜首,深得广大花艺爱好者喜爱。

2016 年,《我的插花故事》出版,至今好评不断,作为第一本书的升级版,依然好评如潮。

当下,国内的关于花艺的出版物很少,很多对花艺感兴趣的人们都苦于没有学习的途径。《我的插花日记》和《我的插花故事》适合日常家居的插花艺术,帮助人们发现生活中点点滴滴的美好,对花艺初学者的帮助很大,填补了中国花艺出版市场的空白。

第二本书出版后,朋友的书店又向秦莎伸出了橄榄枝——邀请她作为特邀嘉宾,来书店开办一场关于花艺的读书会。面对热情邀请,秦莎偷偷捏了一把汗:会有人对花艺感兴趣吗?结果读书会当天,书店座无虚席。秦莎松了一口气,开始娓娓道来:自己与花艺的相遇,当年的学艺经验,现在的创作心得⋯⋯望着那一个个专注又真挚的脸庞,秦莎仿佛看到了当年饱含一腔热血的自己。

自从举办过读书会,有一个念头一直在秦莎的脑海中盘旋:既然有那么多人喜欢花艺,那怎样才能让更多人走进花艺的世界,品味生活的美好呢?

经过深思熟虑,秦莎决定开办"插花特训营"。在特训营中,正式学员可以在一年内随意查阅学习视频课程及专栏文章,与花艺老师沟通交流,得到系统全面的学习培训和手工客认证结业证书。通过这种方式,全国各地的花艺爱好者都能得到欣赏花艺、学习花艺的机会。和当年秦莎在深圳与香港之间往来奔波相比,这种方便又实惠的学习机会实在是难能可贵,值得珍惜。

现在,面临着日新月异的互联网时代,作为深圳最具名气的新派插花师,秦莎计划借助网络的力量,开办线上花艺学校,帮助更多的花艺爱好者,用更低的时间成本,更少的经济花销,学到更专业的插花知识,享受更优质的生活!

世界上并不缺少美,只是缺少发现美的眼睛。花艺,就是一门赠人慧眼的艺术。赠人玫瑰,手有余香。花艺师,就是一位巧夺天工、创造美好的使者。秦莎,这位花的使者,必将引导更多的人在花的世界里,发掘点点滴滴的美好,品味丝丝缕缕的精彩。

简花艺,用心点亮生活之美!

(高 敏)

行走在生态健康养生路上的特种养殖人
——访广州市金熊珍稀动物养殖有限公司董事长苏思源

华南地区的温泉镇是驰名中外的风景区和疗养胜地,这里自然环境得天独厚,青山环绕,绿水荡漾,空气清新,气候适宜,年平均气温20℃,有天然四季果蔬,置身于此地便置身于一个天然氧吧,广州市金熊珍稀动物养殖有限公司就坐落在这个美丽的小镇。

不必说享有"世界最珍稀温泉"之称的从化温泉,也不必说能观赏红花荷、禾雀花等珍稀植物的次原始森林,更不必说红荔飘香、让人流连忘返的水果生产基地,单说苏思源旗下的珍稀动物野生黑熊养殖基地,就有无限的乐趣,引人入胜,让人大开眼界。

在基地宽敞舒适的熊舍里,400多头本性凶猛的野生黑熊,在工作人员的精心呵护、培育、驯养下,显得格外温顺,看到它们憨态可掬的样子,不禁想向前抚摸一下。

这些浑身是宝的野生黑熊,有的是从野外被救过来的,有的从其他地方购买回来的,在苏思源的科学救护、繁养、驯化、善待下,成了造福社会、回报社会的最好载体。

苏思源作为特种养殖行业的领航者,先后被评为"广东省特种养殖突出贡献人物""2017年中国民营经济最具影响力人物"。笔者有幸采访了苏思源,聆听了他传奇的创业经历,感受了他那种积德积福的济世情怀,他的人生已达到"正德厚生""上善若水"的境界。

正德厚生 臻于至善

苏思源很早就热衷于野生动物的养殖,在1992年就创办了潮州市明鸿庄园有限公司,主要养殖鸡、鸭、鹅、孔雀等动物,到1997年,为了发展农业生态旅游,增加了野生动物养殖品种,养殖了鸵鸟、鳄鱼、鹿、熊等野生动物,明鸿庄园的生意越来越红火。

　　然而,如果想了解苏思源先生传奇的创业人生,必须要和特种珍稀动物——黑熊联系起来。

　　这一切都要从他担任潮州市野生动物救护中心主任说起。

　　当时,潮州市野生动物救护中心接收来自世界各地的野生黑熊,有的募送,有的寄放,在接收、救护、放养、驯化、养殖过程中,苏思源先生爱上了这个生性凶猛的大块头。

　　几十年来,苏思源对动物有着深厚的感情,正是这份真情,让他走上珍稀野生黑熊驯养、繁殖之路。

　　1997 年,广州市金熊珍稀动物养殖有限公司获得了广东省林业厅颁发的国家重点保护野生动物驯养、繁殖许可证,得到了工商行政管理局比准,就在这一年,苏思源开始利用熊胆资源进行深加工,并开发出多个熊胆系列产品,当时养熊基地已经发展到 200 多亩的规模。

　　十几年的发展,公司规模不断扩大,为了用更科学的方法保护野生动物,扩大黑熊的驯养繁殖规模,2008 年苏思源在广州市从化区温泉镇创建了 100 多亩华南地区独家人工引流胆汁生产基地,重点发展高科技养熊业及深加工,该基地是华南地区独家获批国家一类新药"熊胆粉"并达 GMP 标准药品生产企业,也是国内获得"CNWM 中国野生动物经营利用管理专用标示",因此,该基地成为华南地区最具规模黑熊驯养繁殖基地,年采熊胆量已突破 3 吨。

　　苏思源对特种养殖情有独钟,逐渐发展成为华南地区特种动物养殖领域的领航者,他还在潮州市创建了 200 多亩野生动物世界,在这里,救护驯养着国家一级东北虎、黑熊、棕熊、白熊、梅花鹿、鸵鸟、孔雀等濒危珍稀野生动物和家禽家畜数十种,简直是一个野生动物园。园内有几十种名贵树种,一年四季鸟语花香,到处是一幅幅美丽动人的风景画,让人美不胜收,心旷神怡。

神来之笔　点"熊"成金

　　"苦心人,天不负,卧薪尝胆,三千越甲可吞吴",这是蒲松龄一副对联的下联。充分体现了苏思源的创业精神,同时也联想到他从事的特种野生动物(黑熊)养殖事业。

熊全身都是宝，其中熊胆最有价值，熊胆是中医瑰宝，在中医治疗中占有重要地位。《本草纲目》记载："熊胆，味苦、性寒、无毒归肝胆心经，有退热、清心、平肝利肝、溶石、明目、杀虫(消炎)之功效，用于惊风抽搐，外治目赤肿痛，咽喉肿痛。"

鉴于熊胆的名贵，多少年以来，不知有多少利欲熏心的人在肆意猎杀野生黑熊，以至于野生黑熊资源濒临灭绝。

即使活熊取胆技术在不断改进，但是活熊取胆的行为也长期遭到野生动物保护组织的反对和人们的争议，然而在参观苏思源的广州市金熊珍稀动物养殖有限公司无痛取胆技术后，我们改变了对活熊取胆的陈旧看法，在这里，我们看到了一种全新的珍稀资源保护和科学利用的完美结合。

《中庸》道："唯天下至诚，为能尽其性；能尽其性，则能尽人之性；能尽人之性，则能尽物之性；能尽物之性，则可以赞大地之化育；可以赞天地之化育，则可以与天地参矣！"

苏思源深知这段话的道理，时刻践行着"三性"，他不遗余力地为自己活熊取胆正本溯源，他告诉笔者："我们金熊公司早在 20 世纪 80 年代中期就不惜一切代价引进吸收国外先进技术，创新研究出目前最先进的活熊取胆引流采技术，这项技术就是对适合采胆的黑熊进行一个小手术，将胆囊切下一小部分卷成类似尿道的管状，并将这根导管连接到黑熊胆囊和皮肤，正常情况下，这根人造导管在体内压力下处于自然闭合状态，与外界隔离，需要引流胆汁时，只需要插入倒流软管，胆汁就自然通过导管引流出来，而且因为没有感知神经，对黑熊来说没有任何痛苦。"

笔者聆听苏思源讲解了引流技术取熊胆汁的整个过程。基地工作人员以食物为诱饵，让适合采胆的黑熊(达到 3 岁以上或体重达到 125 公斤)躺在工作台上悠闲自在地享受着美食，工作人员在下面轻松地将胆汁引流出来，每天取出几十毫升的胆汁，相当于黑熊每天产胆汁量的 1/5 左右。

活熊取胆引流技术的优越性在于不会在黑熊体内残留任何异物，因此不会引发各种炎症和隐性分泌物，不仅提高了胆汁质量和熊胆粉的质量，还不会损害黑熊的生命质量，而且对熊的生长繁殖没有任何影响。既保护了野生黑熊的资源，具有显著的生态效益，又解决了民众治痛治病所需要的熊胆。

活熊引胆技术对人类有着重要的贡献，这项技术得到世界野生动物保护组织的认可，填补了国内活熊人工引流采汁的技术空白，同时创造了活熊人工引流采汁的奇迹。

华南地区优越的自然条件，使得生活在这里的黑熊没有了冬眠的习性。微量元素充足的黑熊饲料，营养均衡，所产的胆汁品质较高，质量稳定，其中有效成分氨基酸的平均含量在 32% 以上，最高可达 57%，远远超过国家标准要求（23%）。

正因为如此，广州市金熊珍稀动物养殖有限公司生产的熊胆汁产品受到很多业内人士、各界客商以及大众消费者的青睐，他们都慕名而来与金熊公司合作和购买公司产品。苏思源的企业也聚集了大量财富，可谓"科学取胆，点'熊'成金"。

"因为产品好，就不用担心市场销路，许多药厂、经销商都找上门洽谈合作。"面对市场前景，苏思源信心满满地说道。

如今的广州市金熊珍稀动物养殖有限公司俨然一个野生动物园。苏思源历经数十年呕心沥血地潜心研究，为广大消费者制造出更多更新鲜的熊胆汁、纯熊胆粉、熊胆茶、熊胆灵芝酒等优秀产品，同时，他们用科学的方法保护着这些野生动物，从而实现企业的可持续发展。

我们相信，眼光独到、充满爱心的苏思源会带领公司为社会做出更多优秀的产品，金熊公司前景将一片光明。

精诚所至　生态养生

经过多年的发展，他的事业蒸蒸日上，成功打造了围绕熊胆产业为核心的产业链，旗下拥有广州市金熊珍稀动物养殖有限公司、广州龙泉农业科技有限公司、潮州市野生动物救助中心、潮州市明鸿庄园有限公司、潮州市华源陶瓷实业有限公司等企业，同时重点整合社会资源和自然资源，建立了广州从化万丰温泉酒店。

随着经济的不断发展，人民生活水平的不断提高，人们自我养生保健意识也日益增强，越来越关注健康，重视养生，生态养生也就成了现在最流行的一种养生方式。

苏思源把目光投向生态养生产业，在从化温泉上做起文章来。

从化温泉，用不朽的精神演绎着一个尘世的传奇，蕴藏着"稀世之珍"天然小苏打温矿泉、世界上最珍贵的"氡泉"，富含三十多种矿物质和微量元素，被授予"世界最珍稀温泉"。

苏思源看到了从化温泉独特的先天优势、看到了它在发展生态健康养生产业中的地位和作用,于是,他创建了广州从化万丰温泉酒店,打造世界独一无二的首创鲜熊胆真氡苏打养生温泉,不断完善产业链,致力多元化发展,不断推动企业向生态健康养生方向延伸发展。

生态温泉酒店的出现,为人们搭建了健康休闲的平台,同时,也向社会传播了生态健康养生文化,让更多的人体验到生态养生的重要性,让更多的人受益于生态养生温泉,为百姓带去福音。

苏思源没有停止前进的步伐,无时无刻不在为社会着想、为百姓着想,实实在在做事,认认真真做人。

上善若水　造福社会

"积德积福、饮水思源、感恩社会、回报社会"是广州市金熊珍稀动物养殖有限公司的企业文化,独特的企业文化体现出苏思源"缔造金熊王国,造福广大民众,回报社会"的信心和决心。

百善孝为先,苏思源是远近闻名的大孝子。他常年和父母生活在一起,在父母生病时悉心照顾,为年迈的父母亲翻身、擦身、洗衣、换裤,为母亲端屎端尿,用心尽孝。请最好的医生帮父母亲治病,而且用自家产的珍稀熊胆汁让父母亲养生保健。

苏思源80多岁高龄的父母亲逢人就会说:"如果没有我们儿子的孝道,我们可能十几年前就离开这个世界了,不可能活到今天。"

苏思源告诫自己的儿女、儿媳要懂得感恩父母,要做一个孝敬父母、尊重长辈的人。

品德高尚的苏思源不仅得到家人的尊重,也得到了各界仁人志士的钦佩。德高望重的当代优秀企业家称号,苏思源先生实至名归。

善行天下是苏思源始终坚守的做人做事的信念,正是这种信念,苏思源不仅感恩父母,还积极做一些公益慈善事业,感恩社会、回报社会,是一位博爱的慈善企业家。

得到苏思源救助的人数不胜数。

曾经有位癌症晚期病人的家属,为了不让亲人在痛苦挣扎中度过最后的时光,却因没钱继续医治而绝望时,苏思源伸出援助之手,免费为这位患者提供具有镇痛疗效的熊胆汁,并制定有效的镇痛方案为患者治疗,以缓解病人的痛苦。

在潮州地区,饶平有位 15 岁的女孩患有白血病,其父母已无力支付昂贵的医疗费,苏思源了解情况后,立即打电话给这位女孩,让她带着病历来找他。苏思源与当地医生为她制定了详细的治疗方案,为她配置了 20 多瓶总价值高达 1 万多元的熊胆汁治疗,病情才得以缓解。

考虑到女孩四处求医看病,家里已一贫如洗,爱心慈善家苏思源免去了她的一切费用。

为了感谢苏思源先生,女孩还特地找到了当地电视台讲述了自己的经历,并恳求电视台要好好报道这位好心的神医。

采访中,苏思源道出了自己的心声:"其实我是不愿意她们这样宣传的,我也不是什么神医,只是一位农民企业家。只要有疑难杂症的患者找到了我们,我们都会一视同仁,把我们公司生产的熊胆汁免费提供给他们,也是为了不负众望,回报社会,感恩社会,尽点微薄之力,尽点社会责任。"朴实的语言展现出苏思源崇高的济世情怀。

大道至善,苏思源以自己的行动,绽放着独特的美丽,他的德行善举让我们坚信:只要人人都献出一点爱,世界将变成美好的人间。

苏思源的人生因爱而美丽,因无私奉献而变得不平凡。　　　　　(高 敏)

昔日"三废"变"三宝"

——访东莞市泰兴新能源科技有限公司总经理王支伟

垃圾、废水、污水,污染自然环境,影响人们的工作、生活。广东省东莞市泰兴新能源科技有限公司数年如一日,将这些令人作呕的垃圾、废水变成了宝贝,用来发电,用来施肥、浇花、养鱼……他们是怎么做到的?

和"三废"结缘

王支伟,1970年出生于河南平舆,因家境贫穷,小学毕业后辍学,在家帮父母种地。1993年,他到东莞的一个"三废"处理企业打工。俗话说:穷人的孩子早当家。打工中,王支伟把河南人的吃苦耐劳、勤奋好学精神表现得淋漓尽致,很得老板赏识,开始老板让他带班,后来就让他独当一面。渐渐地,他学到了不少"三废"处理技术和企业管理经验。

随着我国改革开放的深入,国内养殖业如雨后春笋般增多,产生大量的养殖污水、废水,严重影响周边的环境和民众的生活;随着国人生活水平的提高,垃圾包围城市的现象处处存在;食品企业也在排放污水。养殖污水是其中最难处理的,养殖场废水排放量大、污染负荷高,有机物浓度高,固液混杂;含有大量的氮、磷、悬浮物、致病菌和兽药残留等成分,这些污染物如不进行适当处理,一旦进入天然水体,就会导致严重污染。

随着国家环保政策的落实,一些养殖企业、食品企业对自己排放的废水、废弃有机物等进行了处理,但都因生产管理技术落后、设备不够完善等问题,维持着"污水—土建沼气池—鱼塘—排放"或"污水—固液分离—土建沼气池—鱼塘"的传统模式,没有对"三废"进行更好的处理和利用。看到这一切,社会责任感极强的王支伟深深思索起来:我不如也成立一个"三废"处理企业,为环保做点贡献。

于是,王支伟于2008年向东莞工商部门申请了营业执照,筹集了资金,租赁了房子和土地,挂起了"泰兴新能源科技有限公司"的牌子。他要让人们的废弃物变成宝,重新服务人类。

"从零到一"的成长

公司成立了,然而头三脚难踢。刚开始王支伟作了不少难:人们对环保认识不一,国家对环保资金补贴的落实也成问题。为资金的落实,他跑上跑下,腿都跑细了。有的单位经济效益不好,资金断断续续,工程干干停停;更有些单位工程进行到一半没有了资金,只好停下来,可垫的资金就长期压下了。还有土地问题,工程单位跑不下来,他就得替他们跑,到有关部门找人批,跑几次找不到人是常事,打电话说在办公室,跑去后又不在办公室。往往一个手续跑很多次才能批下来。

谈到此,王支伟叹息:"'从零到一'可真难!"

开始的几年,他的公司一直在干干停停中运行。然而,王支伟是个性格倔强的人,他告诉自己:坚持,坚持,再坚持;他告诉他的员工:坚持到底就是胜利。

终于,他的企业像一个蹒跚学步的小孩,渐渐长大了,渐渐成熟了。他的公司从事"三废"处理产生了很好的效果,废水变成了清水,也能浇花、养鱼了。他们发的电在满足自身的需要后,也向社会供应了。

但王支伟并没有满足,发现新的问题,他就认真研究,找出原因,找出最新的解决办法。他写了好几篇关于"三废"处理的论文,获得了好几个专利;发现社会上有新的技术和经验,他就千方百计引进,以提高效率和效益。

一个偶然的机会,王支伟和西班牙的高斯科尔(GUASCOR)集团公司取得了联系,双方进行了合作。

虎 生 双 翼

高斯科尔集团公司成立于1966年,是世界著名的沼气、垃圾填埋气发电机组生产商,在废油和垃圾填埋场的能源再利用、生物质气处理等领域,处于世界领先地位。

王支伟的公司和高斯科尔集团的合作,无异于老虎生了双翅,开始在"三废"处理的环保领域大展雄威:他把高斯科尔的技术同中国实际相结合,开发出一条以养殖业废物、食品业废弃有机物、厨余垃圾为原材料的"三废"变"三宝"的新路子,一条设计、建设、生产、循环利用的一条龙服务工程。具体来说,就是将养殖场、食品场等企业排出的废水、污水输入黑膜沼气池中,经过发酵沉淀产生沼气,用沼气发电供给养殖场自用或上网。而沼气池出来的沼液经厌氧、爆氧、沉淀、消化等处理后,能养鱼、浇花;沼渣经厌氧处理后成为农田水肥,变成可利用的高效新能源。他们的沼气每天发电 2 万多度,每天净收入 5000 多元,用于养殖场、食品厂的生产、生活,他们的公司用的就是自己发的电。公司的农畜牧废水处理系统有废水消毒、沼气池、沼气发电、变电上网、余热综合利用等 13 道工序,技术先进,科学合理;同时,公司设备除高斯科尔的燃气发电外,还有黑膜沼气池、水泥沼气池、搪瓷拼装罐沼气池,在技术上都是一流的。

同时,泰兴公司还在全国范围内,为双汇、喜之郎、娃哈哈、中航、豪爵摩托、湛江沼气、温氏集团、杭州新能源、大唐华银电力、厦门日丸新能源、惠州园茵猪场、武汉江环亿碳环保、长沙惠明能源、南昌新冠能源、山东香驰集团、深圳东江环保、南宁兴达淀粉、江门珠江皮革、广西凤凰纸业等 20 多个大型企业的废水处理进行技术指导,使这些企业的"三废"处理取得了很好的效果,不仅美化了环境,还节约了成本,取得了良好的经济效益。尤其是他们最近分别为湛江、江门、湖南 3 个大型养殖场的猪舍污水处理,效果最为显著,他们采用黑膜厌氧沼气处理的办法,为这 3 个养殖场建了容积分别为 15000 立方米、12000 立方米、16000 立方米的沼气池,他们采用沼气发电,装机容量分别是:2x150kw、2x150kw、1x200kw;产生沼气分别是:1800/d、1800/d、1500/d;沼气予处理 1 台,污水全部达标排放。他们的技术人员有负责工程的,有负责基建的,有负责电力设备安装的,分头把关,各负其责。

目前,泰兴公司拥有高效的检测、研发、设计、生产、销售及系统工程服务于一体的专业团队。不仅与西班牙的高斯科尔集团有业务联系,还同德国的 MWM、美国的康明斯、GE 能源、卡特等世界五百强企业建立了良好的合作关系,沼气技术也与德国第一环境公司、泰国坚帕能源、广州中大环保、广州环境设计院等单位紧密合作,创新核心技术,全面打造新能源及环保的高标准服务平台,创建符合国家产业政策、利国利民、可持续发展的新型高科技环保企业。

为使西班牙高斯科集团的新技术产品系列在国内"三废"处理方面发挥更大的作用,他们把该系列的主要产品:燃气发电机组、发动机等设备的性能、适应项目及质量保证,附带照片及说明书在他们公司的网页向社会公布,以期在其他同行产生更大的效果。

期冀明天

王支伟的泰兴新能源科技有限公司事业风生水起，蒸蒸日上，但王支伟并没有止步，他说："我们目前还在发展的初级阶段，国内的许多单位都比我们强，我们要奋起直追。我们需要很多技术人才对三废处理问题进行研发，向智能化发展。我们将继续和国外的同行合作，学习他们的新技术，为我所用。"同时，王支伟希望国家的有关环保政策能在基层得到落实，希望更多的人关心环保，更多的领导重视环保，支持环保工作，使更多的垃圾、废水得到有效处理，服务人类。

王支伟以他善学、不屈的精神，走出了一条属于自己的路，闯出了属于自己的一片蓝天。只要有梦，希望就在不远的前方，机会总是留给有准备的人。相信王支伟的路将越走越宽广，梦想一定会实现。

（高　敏）

大爱之桥

——访山西"爱之桥"家政服务有限公司总经理杨爱仙

　　杨爱仙,一位善良的女性,一位执着的女性,退休后于 2013 年创办了"爱之桥"家政服务有限公司,四年多来培训家政学员 2000 余名,为农村妇女劳动力培训了家政知识,使其有了就业之路;为城市社区老人找到了服务人员。她培训的学员先后在本地、北京、上海、天津、杭州、香港等地就业,有的还出国到加拿大工作,得到社会的一致认可和广泛好评。她满腔的爱得到了回报,赢得了人们的赞扬和尊重。最近,我们访问了她,看到了她火热的爱和满腔的情。

搭起了"爱之桥"

　　2002 年,家住山西省河津市的杨爱仙退休了。儿女们都大了,她在家里无所事事,休息一段时间后,便到她居住的府东社区便民服务中心发挥余热。

　　工作中她发现,社区很多家庭的老人、幼儿、新生儿由于家人上班而得不到很好的照顾。有的在人才市场找来保姆,结果保姆服务质量低下,甚至殴打老人或偷东西;有的找自己的亲戚,但亲戚经常请假,服务断断续续……社区服务只能救急,却不能从根本上解决问题;很多家庭需要家政服务员,但苦于找不到合适的人选。

　　一次读报,她看到十八大报告中强调:解决好"三农"问题是全党工作重中之重,城镇增加农民收入是"三农"问题的核心。农村妇女劳动力富余,但是就业机会少。此时,社会责任感极强的杨爱仙就想:可以寻找合适的农村妇女到社区家庭担任家政服务员,这样既能转移农村妇女富余劳动力,增加农村妇女收入,提高妇女地位,又能减轻社区家庭生活压力。

　　理想是丰满的,现实是骨感的。一方面,农村妇女缺乏家政服务知识,虽有机会,但没有能力胜任家政服务工作;另一方面,社区也一时无法具备家政服务的培训能力。

　　眼看"两全其美"的好事就要搁浅,杨爱仙不服输的劲头上来了。"求人不如求己",她开始折腾自己,自费购买相关书籍、教材,学习家政服务知识;让儿子、媳妇帮忙上网查阅家政服务资料;让老伴开车载她去市内、去运城的家政服务公司了解、打听如何培训家政服务员。经过学习和考察,她心中有了数。

2013 年 5 月,杨爱仙和几个老姐妹筹集了资金,租赁了房子,注册成立了"爱之桥家政服务有限公司",由她担任总经理。

公司挂了牌,就要经营运行。公司制定了"免费培训,提供平台,迈出家门,走向社会"的服务宗旨,自学了家政服务知识;杨爱仙相约几个老姐妹和老伴一起去农村宣传,招收学员,一起献爱心。家政服务看似简单,却包含了很多知识和技巧:催乳技术、烹饪技术、保健按摩等,都是极专业的学问,都是家政服务必需的内容。

为给学员们上好课,50 多岁的杨爱仙不管白天、黑夜努力学习这些知识,甚至她老伴、她几个要好的退休姐妹也被逼着学习这些家政知识,还要练习给学员们讲。几个人分了工,各担一课。

经过紧锣密鼓的准备,公司第一期家政培训班开班了。还不错,学员有二三十个。讲课吗,大家说,像背书。总结了第一次经验后,大家便向课堂的生动方面努力,变背书为讲课,努力让大家听得懂。讲课中又加了互动,加了动作示范,这样,效果比第一次强多了。

"爱之桥"搭起来了,这座桥倾注了杨爱仙她们的满腔心血。

洒向人间都是爱

家政培训班的学员大多来自农村,学习期间因路程较远、天气不佳等原因,很多学员不能坚持学习,导致学习效率不高、学习内容不全、效果不好等问题,肯定影响今后的家政服务质量。对此,杨爱仙决定"送学上门"。

在市妇联的支持与帮助下,公司租车搬上桌椅板凳等学习用具,到北午芹、吴村、樊家峪等地免费进行授课。她们的行动感动了当地群众,几次之后,各个村委会纷纷提供学习用具、场地等,减轻了公司的负担,使越来越多的农村妇女接受了专业培训。

杨爱仙待学员如姐妹,学员们有心事都爱和"杨大姐"说说。在交谈的过程中,杨爱仙发现越来越多赴外地就业的学员,对家里牵肠挂肚,放心不下自己的另一半。她就又开始操心了。经多方联系，公司又开办了免费的"护工培训班"，招收男学员进行培训，联系提供就业岗位，使越来越多的"夫妻学员"携手并肩，走上相伴就业的幸福之路。

有一些从外地慕名而来的学员，经济困难，舍不得在住宿、吃饭上花钱，她从公司支钱租了一处住所，买了床铺、桌椅、炊具等生活用品，为有需求的学员提供免费住宿。

创业的路上常常布满荆棘和坎坷。公司在发展中，逐渐暴露一些问题，最突出的是：由于培训课程专业度不高、师资力量不足，导致学员就业有一定难度，也不稳定。

面对困难，性格倔强的杨爱仙又踏上了奔波的行程。她不顾家人的阻拦，在寒冷的冬天只身北上，赴太原、北京等大城市实地考察，睡过冰冷的地铺，啃过干硬的馒头，走着陌生的道路，拖着疲惫的身体，到处奔波、多方了解家政服务培训方面的信息……

经过多处走访、真诚交流，她和太原、北京等地信誉高的家政公司达成意向，为河津的学员提供就业岗位，并聘请北京资深家政服务员、金牌月嫂来河津为学员授课。如今，"爱之桥"有了六个具有资格证的专业老师，每三个月就举办一期培训班，农闲时有80多人参加，农忙时也有30多人。

辛勤的耕耘，换来丰硕的收获。四年多来，"爱之桥"举办培训班58期，培训家政学员2000余名，其中近1000人取得家政服务员证书，就业人数达700余人。

这些脱颖而出的学员，在家政服务的道路上"芝麻开花节节高"。有的在附近社区或敬老院就业；有的在太原、天津、内蒙古、陕西、河南、北京、上海等地就业，还有的远赴杭州、香港，更有甚者出国到加拿大就业。她们的平均月工资在4000元左右，最高达15800元。部分优秀学员还转型为公司的管理人员，在公司或分公司实现着自己的人生价值。

同时，"爱之桥"经常组织公司人员到河津的敬老院、五老之家开展志愿者服务活动，他们给老人打扫卫生、理发、洗衣服、洗脚、剪指甲等，每次都是在老人们的声声感谢中结束服务活动。2016年"爱之桥"开办了铝厂分公司，业务更忙了。

"赠人玫瑰，手留余香"。2014年，"爱之桥"公司被省妇联授予"省级妇女之家"示范点，被市妇联授予"妇女创业就业培训基地"，被市人社局确立为"家政服务员联合培训基地"；2015年被河津市工会确定为"河津市家庭服务行业联合会"会员；

2016 年 10 月,河津市妇联、河津市老龄工作委员会和河津市精神文明建设指导委员会联合授予"爱之桥"公司"敬老爱老先进集体"荣誉。

杨爱仙经常收到学员的心意:一把时令蔬菜、一兜特产、一件小礼品、节假日的一声问候……诉说近况、诉说着不同城市的不同生活,曾经的学员们感谢杨爱仙使她们脱了贫,改变了她们原本乏味的人生。每逢此时,杨爱仙心里总是热乎乎的,她感叹:这几年的心血没白费!

大爱之桥通未来

"爱之桥"公司目前办公面积达 400 多平方米,教学场地近 300 平方米,设置行政、教学、发展三个部门,拥有六位相应资质的专业讲师,培养实习讲师 16 人,整个师资团队年龄和专业结构合理,能针对地域和授课对象实际及特点,认真进行培训、研讨与规划,能因时因地制宜使学员学有所成。开设的课程有:母婴护理、育婴、催乳、烹饪、养老护理、保健按摩、家庭保洁等。2017 年,公司成立"职业技能培训学校",届时,她们的家政培训将如虎添翼。

谈及未来,杨爱仙说:"我们还要学习,努力使我们的讲课水平达到北京讲师的水平;我们还要向电化教学方面发展,利用现代的教学器具,提高教学水平;我们要招收更多的年轻人,使教师队伍年轻化。"

谈及她几年来的体会,她说:"滴水穿石不是水的力量,而是坚持的结果。简单的事情重复做,你就是一个专家;重复的事情认真做,你就是一个赢家。不抛弃、不放弃,坚持到底,就一定能成功!"她表示,"爱之桥"家政服务有限公司将一如既往,在帮助下岗职工、失业、未就业人员,农村妇女创业就业的道路上不懈努力,向社会输送更多、水平更高、业务更全面的家政人才。

听着杨爱仙踌躇满志的话语,看着她自豪的神色,我们为她的成功而骄傲。杨爱仙用心血、用双手,浇筑着一座人间大爱之桥。相信"爱之桥"今后的路更宽阔,事业更辉煌!

(高　敏)

装饰梦想 成就人生

——访广西云旸软件有限公司 ui 设计师袁也

扑面而来的海浪，破墙而出的大象，中式古典的鸟语花香……或者动感立体，或者静谧温馨，充满创意的手绘壁画正在城市中悄悄流行。

装饰自己的梦想，也装饰别人的幸福，作为曾经的首席壁画师和 ui 设计公司总经理，90 后江西姑娘袁也说："手绘壁画无处不在：在室内，作为电视背景墙，它会是你最深爱的私家风景；在小区，作为幼儿园的外墙壁画，它可以开出一片生机勃勃的花园；在街头，它或许是一家咖啡馆的个性标识……"而一名成功的手绘壁画师，应当既能满足客户的商业需要，又能表达出环境艺术的美感。

从一名首席壁画师到一家设计分公司总经理，袁也用她不平凡的经历展示了自己的人生价值。

从小热爱走上艺术之路

袁也选择商业美术插画专业的原因，还要从她小时候说起，"我小时候性格内向，最喜欢的事情就是一个人一张纸一支笔涂涂画画，最喜欢临摹儿童图书里面的插图，直到现在，画装饰插画也是我平时的乐趣之一。"袁也说，自己从小喜欢画画不仅是个人爱好，与家庭环境的熏陶也同样密不可分。

原来，袁也的爷爷是当地美术协会会员，爷爷对于美术的热爱是存在于骨子里的，即使没有受过正规的美术教育，但也秉持着"活到老，学到老"的崇高思想觉悟，直到七十多岁还报名上了老年大学，主修山水画。爷爷是知识分子，做了一辈子小学教师，也当过校长，其作品还上过老年杂志，爷爷对袁也的艺术人生启蒙可谓影响深远。

袁也在初中升高中的时候，自主选择了当艺术生的道路。后来，因为当时的美术导师是湖北美术学院设计系毕业的，所以对当设计师有了一种憧憬，这对袁也大学报考产生了最直接的影响。功夫不负有心人，通过刻苦学习，袁也成功考上了广西艺术学院,就读商业美术插画设计专业。

壁画师是放大美丽的艺术家

"我第一次接触到壁画,是在读大一的时候,当时对摄影很感兴趣,就认识了一些影楼的摄影师。"出于商业需要,影楼里需要经常更换内景墙,朋友知道袁也擅长画画,就邀请她去影楼画画。

"面对那么大一面墙啊,我最初的心情还是有点小激动,但是我努力让自己淡定,因为正常绘画的用料、工序……我都算游刃有余。"第一次独自画一大面背景墙,不知道是过于兴奋还是过于专注,袁也在凳子、梯子上面爬上爬下,简直像猴子一样。

有过一次成功的经历后,袁也开始当上职业壁画师。

毕业前,在学校鼓励大学生创业的大前提大背景下,袁也加入了大学生创业的大军,有了第一份正式工作,和几个朋友一起做了一家装饰公司,业务主要是以手绘壁画为主。虽然同是画画,但是墙上画画和在纸上画画仍然有区别,通过不断实践积累袁也的壁画工艺日渐成熟,在公司起步大半年之后有了客户和口碑,生意蒸蒸日上。

与古代的那些风景名胜的壁画不同,今天的壁画所需要的绘画技能不仅限于一种门类,油画、丙烯画、水彩、水墨、工笔,现代的矢量风格绘画,壁画师都要有所掌握。最好的壁画师应该是具备设计师经验的壁画师,作品会更符合客户千奇百怪的个性需要。

其中,3D壁画是最考验画师技艺的类型,其效果的真实与否与摄影角度是息息相关的,而且造价也是普通墙绘所不能比的。

壁画师也是攻克难题的实干家

"壁画师这个职业,还要经常面对各种复杂的工作环境。有时要大夏天头顶烈日在户外工作,有时要爬上好几层的脚手架画高墙,很多男人站在上面都双腿发软。最难画的是天顶画,你要一直仰着头,身体很容易失去平衡。"

　　袁也还会碰到用料的问题。"我们都是根据画面来选择所需颜料,而颜料通常是很大的一罐,带多了很重,但带少了那是绝对不允许的,所以每次出发要带多少颜料,一直让我非常纠结。"在具体绘画的流程中,开始的测量构图阶段和最后的细致阶段都很重要,"反正每个环节都很考验画师的专业技能。"

　　至于壁画师的薪水,会与所在城市对艺术设计的重视程度相关,也会与作品本身所用的材料成本和艺术价值相关。"壁画的价格主要与它的艺术价值成正比,并不只与面积相关。"

　　"我有一个朋友名叫小剑,有着外向的性格和灵活的头脑,我们一起走过了大学四年和工作的头一年。"袁也说,曾经的自己本来是个性格内向不爱说话又拮据小气的女孩子,直到认识了小剑,他教会了自己如何积极看待生活、如何有意思地沟通谈吐,从他的慧眼慧心中看到了自己所没被发掘的能力和潜力。他为袁也打开了一扇通往阳光世界的大门,影响了袁也的性格,带她走入了人生的第一个转折点。

转型成为平面设计师

　　毕业之后,袁也的发展方向有了一些转变,由于设计师是一个被社会广泛需要且非常能磨炼意志的职业,而自己大学选择的商业美术插画专业属于平面设计系,加上之前常年抬手画壁画导致了袁也右手臂及肩颈部位发生了健康问题,所以她放弃了继续当一名壁画师,走上了平面设计师的道路,最终定位在 ui 设计师(互联网应用里的用户界面设计)这个岗位上。

　　从 ui 设计师到分公司总经理的转型,是袁也人生中又一个转折点。

　　2017 年初,作为 ui 设计师,袁也来到一家面向全国"农村信用体系建设"相关系统开发的软件公司供职——它就是广西云旸软件有限公司。

　　云旸软件公司积极响应国家倡导的"农村信用体系建设"开展操作系统研发,以"创建面向全国市场的品牌、建设专业软件研发中心、提供大数据解决方案"的发展规划,成立了广西云旸投资、云南云旸科技、广西云旸软件、广西云旸得实农业技术服务等子公司。其中,云旸软件公司作为新打造的运营品牌,由征信业、银行业专家和资深 IT 精英组成的团队构成,核心团队成员来自中国五大银行、互联网企业、软件公司等,开发主力成员均有 8 年以上实际开发经验,多人持有系统分析师、信息系统项目管理师、高级程序员、网络工程师、程序员、中级经济师、afp 金融理财师、cfp 国际金融理财师、ctp 国际财资管理师等证书,团队成员成功开发实施的大型项目包括:电子政务系统、党建信息平台、大型企事业单位信息化建设、政策法规平台、大型企业物流管理系统、税务代征系统、c919 大型客机地面管理平台、地税行政管理系统、融资租赁系统、金融公司按揭系统、国家空管数据中心系统、国家飞行流量监控中心系统、国家气象局人影物流系统、农户信用信息管理系统等,致力于为客户提供系统集成、软件开发、社会信用体系大数据分析、高科技农业技术等服务。

袁也到岗后,就积极践行公司理念、企业文化,秉承刻苦钻研、积极务实的精神,以"品牌源自实力、服务创造价值"为宗旨,以行业应用和客户需要为导向,以"满足客户需求、提升产品品质"为质量方针,努力创造社会价值。凭借自己丰富的行业经验和综合工作能力,袁也很快便得到了股东的认可。现在,袁也正在筹备前往山东地区成立分公司,主持山东地区业务营销。

"我很喜欢我做过的所有工作,包括实习摄影助理、壁画师、设计师,甚至是公司管理层。"袁也说,目前的转型是自己所期望的,在未来的三五年里,她将不断提高自己的综合工作能力,并且身体力行,做好山东地区农村信用体系建设项目的推广工作,也为国家倡导的农村信用体系建设工作献上自己的一份力。(高 敏)

不拘一格勇创新 脚踏实地谋发展

——访成都市康凤鞋业有限公司总经理钱昭迪

随着改革开放浪潮的掀起,国际制鞋业向中国转移,逐渐形成产业链以及产业发展平台,已基本占据了全球中低端的鞋产品市场。短短十多年的时间,中国一跃成为全球最大的鞋类生产国和出口国。这不仅是得益于经济全球化的发展趋势,还归功于中国最先踏入制鞋业的一批领头人。

早在1994年,钱昭迪便已进军制鞋业谋求发展。在这二十多年中,他经历过2000年前后的高峰,也陷入过2008年前后的低谷。然而,他从未想过放弃,始终坚持与时俱进的创新精神以及脚踏实地的发展态度,为促进中国制鞋业繁荣发展做出自己的一份贡献。

力造品牌,供以优质

成都市康凤鞋业有限公司创立于2004年,是一家集生产、开发、销售为一体的专业女鞋制造企业。该公司是浙江大东鞋业公司设在成都的女鞋生产基地,主要为知名鞋业品牌"大东"输送女鞋成品,其工艺精细,设计风格时尚独特,备受国内女性青睐。

通过近20年的发展,公司已拥有占地9万多平方米的现代化厂房、5000余名在职员工以及30条先进生产性流水线和配套设备。除此之外,该公司还在全国各地设立了30多个区域代理,并在武汉、石家庄、杭州三地设立了营销分公司,建立了庞大稳定的销售网络,而成都康凤鞋业也成为西南地区最大的女鞋生产企业。

作为成都康凤鞋业有限公司的创始人之一,钱昭迪认为,公司之所以能够在制鞋行业起伏跌宕的发展中脱颖而出,关键在于公司找到了产品准确的定位,且打造出了有口皆碑的品牌。

早在公司成立之初,钱昭迪便率先引进专业生产流水线,用以替换原先的手工生产。这一大胆的改变,不仅提高了生产效率,还保证了成品鞋的质量,在此基础上,制鞋成本也大大降低。而此时,内地大多制鞋企业仍采用手工制鞋的方法,效率低,成本高。相比之下,康凤鞋业生产的"大东女鞋"便拥有性价比高、物美价廉的优势。

然而,钱昭迪的想法并不仅于此。他希望,未来人们提到"大东女鞋",第一印象不是物美价廉,而是时尚、实惠、高品质,受广大消费者信赖喜爱的国民品牌。于是,钱昭迪花费了大量的资金,为公司陆续导入 6S 及 CIS 工程。2008 年至今,总公司还先后聘请了徐熙媛(大 S)以及 Angelababy(杨颖)作为产品形象代言人。

在钱昭迪看来,踏上品牌之路对于一个企业来说,既是一份肯定,又是一份监督。公司成立至今,多次获得省、市政府授予的"文明私营企业""质量信得过企业"等荣誉称号,而更多的荣誉意味着更大的责任,钱昭迪表示未来公司会不断努力,提高产品竞争力,进一步打造企业品牌形象。

路践于行,行至于远

20 世纪 90 年代,受温州繁荣商业的影响,钱昭迪只身一人踏入社会,寻找商业发展机会。随着制鞋业在国内兴起,各地的制鞋厂纷纷建立,投身到制鞋行业的人越来越多。在众多制鞋业发展较好的城市中,温州便是其中之一。早些年,他开过服装零售及批发店,一番慎重考虑后,钱昭迪放弃了服装销售,转行至鞋业销售。

踏入制鞋行业的两年里,钱昭迪来往于各地,对制鞋业营销的基本模式熟络于心。尽管在该行业取得不小的成绩,他仍然心求改变,以求更进一步的发展。直至2002 年,他收到了一个改变一生命运的邀约。

当时,大东鞋业的董事长陈光敏邀请钱昭迪共同打造女鞋品牌,开创国内女鞋市场。对此,钱昭迪欣然答应,一番商量探讨过后,他们创立了成都市康凤鞋业有限公司。

万事开头难。企业成立之初,钱昭迪便遇到了难题。在他对沿海城市制鞋业的认知里,制鞋应当以标准化流水线生产为主。然而,西南地区的制鞋企业多以手工为主。为了改变这一现状,钱昭迪多次到沿海先进制鞋企业进行考察、学习,并花费大量资金引进专业生产流水线。除此之外,他还聘请了相关技术人员,为制鞋工人进行相应的技术培训。

事实上，在此之前，钱昭迪对于鞋业生产可谓是一窍不通。而今，几乎每一年，他都会针对制鞋业的生产发展到世界各地进行考察。也正因为如此，公司才能够一直拥有先进的设计风格以及优质的产品保证。

钱昭迪在制鞋行业里经历了许许多多的风风雨雨，"大东女鞋"不仅在市场上有口皆碑，而且也已成为西南地区鞋类销量最多的品牌。而今回首，他亦是感慨万分。在钱昭迪看来，他是较为幸运的一个。因为大东鞋业的董事长不仅给予了他发展的机会，还不留余力地支持他做的每一个决定。钱昭迪笑言，在困难的那段时间里，他不曾想过放弃，毕竟整个大东鞋业都站在他的身后，给予他前进的力量。

成功即是一段冒险，不跨越高山，不淌过流水，便难以看到更为广阔的碧海蓝天。钱昭迪深信，"大东女鞋"将在成功的路上愈行愈远。

持之以恒，心为实业

随着国内经济高速发展，各行各业所面临的机遇与竞争也随之增加。改革开放之后，中国制鞋业历经过高潮也跌入过谷底。在该行业里，一批批商人怀揣着希望进入，同时，也有一批批商人怀揣着失望离去。

钱昭迪认为，如今中国整体制鞋业发展已趋向饱和。早在 2008 年世界经济危机时，制鞋业便经受了一轮重击。尽管世界经济已逐步复苏，但其影响仍残留在各行各业。以国内制鞋业为例，经济复苏后，鞋业品牌如雨后春笋般涌入市场。从表面上来看，业内竞争激烈，市场一派繁荣。然而，若仔细调查，便可发现，国内制鞋业大多以中低端产品为主，高端品牌市场较为萧条。

诚然，这并不能完全归究于市场原因。在钱昭迪看来，制鞋企业未来的发展要进一步突破现有的状况，应当向集中化、品牌化的方向靠拢。一方面，集中化的生产能够在保证产品品质的前提下大大降低成本；另一方面，企业产品品牌化不仅可以稳定原有客户群体，还可以增加新一批目标客户群体。

因此，公司一直随着时代的变革而更新发展思路。在生产方面，公司一直按照国际生产标准，不断提高生产专业能力。如今，其产品质检已赶超国家标准。在产品营销方面，公司加强品牌建设，由原先的批发代理商销售转变至直营商加盟销售，并全面实施了零库存制度。

钱昭迪笑言,虽然业内同行竞争激烈,但是他依旧希望中国能够有更多优秀的鞋业品牌可以扬名国内,走向世界。也正是怀揣着这样的目标,钱昭迪从不吝惜自己积累的行业经验,常常与同行交流,希望他们能够少走弯路。

　　"倘若一家企业想要在制鞋行业里大放异彩,它必定要紧跟时代的发展,奔向智能化的方向,不断完善销售模式,继而提高自身的竞争力。当然,在企业强大的同时,也应当为全体员工的幸福生活着想,并肩负起相应的社会责任。"钱昭迪如是说。他深知,作为公司的领航者,不仅要看到眼前的绿树,还要望到远方的青山。

　　除此之外,钱昭迪也给当下自主创业的年轻人提出了一点建议,即重视实业。因互联网的高速发展,越来越多的年轻人脱离了实体经济,将目光都投放在网络经济上。然而,如今实体企业同样能够结合线上经济,开拓新的发展局面。

　　长风破浪会有时,直挂云帆济沧海。钱昭迪从入行起,一直在制鞋行业里摸爬滚打,勇于创新,终于在制鞋行业闯出了属于自己的一片天地,也终让"大东女鞋"这一知名品牌走进千家万户,走进广大消费者的内心深处。相信钱昭迪未来的路会越走越宽,"大东女鞋"的品牌之路也会越走越远。　　　　　　　　　　　　(赵 翠)

为电机插上节能翅膀

——访江西省瑞昌市森奥达科技有限公司董事长王贤长

21世纪是科技飞速发展的时代,众多科技产品出现在我们身边,给我们的生活带来了翻天覆地的变化。那么,那些掌舵科技巨轮的人及团队,在研究中经历了怎样的艰难险阻呢?就让我们从一个对旧电机进行改造的人说起,来揭开科技创新的神秘面纱……

生于农村,酷爱发明,热衷创业,从孩童时期的暑假卖冰棍维生到如今坐拥一个庞大的科技公司,他经历了常人无法想象的艰辛,他就是有着"农民发明家""发明达人"等众多美称的江西省瑞昌市森奥达科技有限公司董事长兼总经理王贤长。

在王贤长的带领下,瑞昌市森奥达科技有限公司一直致力于电机再制造事业,目前已发展为国内唯一从事老旧低效电机的永磁化再制造设计、生产和销售的企业。

自2010成立年至今,森奥达的产品被广泛应用于纺织、陶瓷建材、矿山、化工等行业的电机效能提升。现公司已获得国家发明专利4项,新型实用专利10项。2014年,公司被认定为国家高新科技企业。2015年1月,通过ISO9001:2008质量管理体系认证。森奥达AB系列高效永磁同步电机系列产品通过中国节能认证,达到了1级能效标准。2016年1月,旧电机永磁化再制造技术通过专家组评价确定为国家科技成果。

如今,王贤长领导森奥达全体同仁,以"创新发展,循环节能,绿色制造,永磁高效"为方向,立志让每一台电机都插上节能的翅膀。

品人间百味

下车间,跑研发中心,操心产品的生产和销售,这一系列事情几乎是现年50岁的王贤长每天工作的所有内容。

有人对他说:"你每天这么忙碌太辛苦了。"

他却笑笑说："这些比起自己早年的经历不算什么。"

1962年，王贤长出生在江西省瑞昌市白杨镇连山村。不到半岁时，其父便因病去世，当时年仅18岁的母亲无奈改嫁。从此，王贤长便一直跟着爷爷奶奶生活。

上小学时，王贤长的爷爷奶奶已经60多岁，家里没有壮劳力，无人挣工分，生活十分困苦。但王贤长是个爱动脑筋的人，为补贴家用，他利用暑假卖冰棍，挣了不少钱。

"小时候，我还经常摆弄家里的收音机，为了弄明白它为什么能发出声音，还把它拆开看看。"讲到爱动脑子，王贤长又补充道："读初中时，我对物理特别感兴趣，就选修了无线电维修课程，还成功组装了一台收音机。"

在读完高二后，王贤长提前参加高考，但落榜了。家人从信用社贷来800元钱，打算让他继续学习，他却选择到武汉广播电视大学学习家电维修。半年后，因家里无法负担他的学费，他只好辍学，从此开始了自己的创业之路。

1993年，王贤长在白杨镇开了一家家电维修店，生意非常红火。挣了一些钱之后，他又先后承包了一家鞭炮厂、一个挡土墙工程和一家冷冻库，但由于种种原因，最终都亏了本。

"树挪死，人挪活。"创业失败后，王贤长很想到外面的世界闯荡一番，长长见识。

1995年，王贤长去了浙江温州，辗转打工。恰巧这时，上海潘登新能源公司到温州招工，他因为有一定的电学知识基础，就应聘上了。

进厂之后，王贤长从普通技术员做起，夜以继日地在车间里钻研技术，颇受领导好评。

1997年，该公司由于没有及时对产品进行更新换代，导致生产的价值5000多万元的家用稳压器一夜之间没了市场。企业老板又急又气，真想把这堆产品当废铜料处理了。这时，王贤长向老板提议，不如把家用稳压器改为工业稳压器。老板一筹莫展，表示，也只能死马当活马医了。

几天后，王贤长研发出一台工业用稳压器样机，经检测符合规定要求。随后，这家企业大量生产工业用稳压器，并成功把产品销到电信、移动等行业。就这样，王贤长用一项发明拯救了一家公司。

经历此事后，王贤长更酷爱发明创造了。在钻研新技术的过程中，不论严寒酷暑，只要有了灵感，哪怕是深夜他都会迅速起床，跑进车间去做实验。

1998 年，王贤长成功研究出具有革命意义的无触点稳压器，并在 2001 年申请到国家专利。

王贤长不断钻研，从一个普通技术员一路做到线长、技质科科长和技术厂长，参与和独自完成了三个专利产品。2002 至 2003 年，他与信息产业部科技人员共同制定了《无触点补偿式交流稳压器》标准，掌控了行业技术的话语权。

2005 年，正当王贤长为实现发明梦想而一路狂奔时，由于理念分歧，他与工作了 11 年的公司不得不分道扬镳。但毕竟对公司有感情，王贤长花了半年时间，为公司培养了两个技术人才之后才离开。

从小命途多舛，而后创业受挫，最后经历打工种种心酸，王贤长也算是尝尽人间百味。但，不惑之年，王贤长似乎有了新的人生打算——凭一技之长，重返创业之路。

取一技之长

闯荡多年，王贤长非常清楚自己的优势在哪里，那就是技术。王贤长认为：资金、人力、物力都是有形之力，只有技术是无形的。无形可以幻化有形，也可增势有形，是自己重返创业之路的制胜法宝。

2005 年，王贤长带着 5 万元积蓄回到家乡瑞昌创业。起初，为了节约资本，他仅招聘了 5 名员工，租了一个不到 30 平方米的地下车库做创业大本营。后来，凭借自身的技术及销售经验，他接了一个别人都做不好的电信防雷和稳压电线的单子，挣了两三百万元。

有了第一桶金，王贤长便注资 150 万元正式筹建了瑞昌市长宁电器加工厂。该厂主要从事节能产品的研发与生产，期间申请了多项国家专利，很快在节能行业崭露头角。2009 年，王贤长还获得九江市第二届优秀专利发明人奖。

王贤长是一个眼光独到、锐意创新的人。2010 年初，他把目光瞄向了旧电机节能增效上。经过不断摸索，他生产出了第一代节能电动机。经检测，这种节能电动机比普通电动机节能 7% 左右。

通过这一改造，王贤长找到了新的发展方向——涉足再制造行业。再制造是一种对废旧产品实施高技术修复和改造的产业，它针对的是损坏或将报废的零部件，在性能失效分析、寿命评估等分析的基础上，进行再制造工程设计，采用一系列相关的先进制造技术，使再制造产品质量达到或超过新品。但它不是简单的维修。再制造的内核是采用制造业的模式搞维修，是一种高科技含量的修复术，而且是一种产业化的修复，因而再制造是维修发展的高级阶段，是对传统维修概念的一种提升和改写。

2010 年 9 月，王贤长成立了自己的公司——瑞昌市森奥达科技有限公司。2012 年，公司搬进经开区工业园西园，有了正式的办公楼和研发、生产车间，开始专门研发和生产节能电动机。

从第一代节能电动机到第五代节能电动机，王贤长都没有进行规模生产。2012 年 6 月，公司研发出了第六代节能电动机，比普通电动机节能 13% 以上，达到了国内领先水平。这时，王贤长终于松了一口气，决定开始大规模生产第六代节能电动机。

这些产品出厂后，其价格每台在 3000 至 4000 元，是普通电动机价格的两倍。

"第六代产品主要用在纺织企业的倍捻机和织机上，比普通电机省电 13% 至 18%，可为纺织企业节省大量的电费，使企业一年便可收回成本。"王贤长表示。

当时，有人向他道出疑问：之前的五代产品都没有规模生产，那么研发和生产资金如何解决呢？

"我向朋友和客户卖公司的股份融资啊！"王贤长说，"而且，我的生产投资并不大，我只生产节能电动机上的关键部件，其他部件外包生产，然后再组装。我们最大的资本是技术，我的 18 名员工中只有 12 名从事生产工作，即使年产值过亿元，也只要 20 名员工。"

目前，王贤长个人已取得国家发明专利 4 项(实审 2 项)，新型实用专利 10 项(实审 4 项)。2014 年，公司被认定为国家高新科技企业。2015 年 1 月，通过 ISO9001：2008 质量管理体系认证。森奥达 AB 系列高效永磁同步电机系列产品通过中国节能认证，达到了 1 级能效标准。2016 年 1 月，"旧电机永磁化再制造"技术通过专家组评价确定为国家科技成果，达到了国内领先水平。

技术，是王贤长的制胜法宝。取一技之长，凭热衷钻研之心，王贤长必然比普通人更能带领一个企业走向远方。

集八方之力

一人之力有限，八方之力无穷。虽然，森奥达的总体发展看起来顺风顺水，但是也有许多需要借助外力解决的难题。资金、人才、技术这些因素，在企业发展之初或许够用，但是从长远的宏观来看，远远不够。

举例来说，当初森奥达凭借"电动机动态跟踪式软启动"技术，使得电动行业春雷乍响。该技术因具有十足的革命意义和广阔的应用价值：既可对废旧电机再制造，也可对低效电机再提升，平均节电率在13%至30%左右，8个月便可收回改造成本，迅速吸引了众多企业前来合作。当时，浙江某纺织公司向森奥达发来1200台机器订单，但由于资金原因，森奥达一下子交不出这么多产品，只能遗憾拒绝。

了解到这一情况，省市有关部门大力扶持和关注森奥达企业的发展，每年都会拨给一定数量的科研资金，并积极帮其争资争项。

通过多年努力，王贤长先后发明了电梯电能回馈系统、油田投油机专用电能回馈系统、纯正弦波交调压模块、电动机动态跟踪式软启动等多项创新技术。森奥达科技有限公司创办以来，实现产值累计6900万元，利税560万元，安排就业人数42人。可以说，森奥达的发展利国利民。

2015年，公司再制造的高效永磁电机参加了北京节博会。2016年5月，高效永磁电机又参加了广州国际陶瓷设备展会。在这两会上，公司再制造的高效永磁电机均产生了巨大的轰动效应。

电机永磁化再制造的意义是：

第一，旧电机再制造方面，现有旧电机总量大，能耗高，传统报废处理资源利用率低、污染大，电机永磁化再制造是解决旧电机改造和节能升级的最有效手段。而目前我国工业领域的废旧电机总量已经达到25亿千瓦，每年旧电机的改造总量不足1%，旧电机再制造市场巨大。森奥达的这项研究，可将低效率的传统异步电机再制造升级为低成本的高效永磁再制造电机，再制造后单台电机效率符合国家一级能效标准，综合节电率大于15%，功率因数大于0.95，而其成本仅为新品高效永磁电机的85%。

第二，高效电机在新品制造方面，不但能延长产品的使用寿命，提高产品技术性能和附加值,还可以为产品的设计、改造和维修提供信息,最终以最低的成本、最少的能源消耗完成产品的全寿命周期。国内外的实践表明,再制造产品的性能和质量均能达到甚至超过原品,而成本却只有新品的 1/4 甚至 1/3,节能达到 60% 以上,节材 70% 以上。让能源资源接近"零浪费",这就是发展再制造产业的最大意义所在。

两次展会过后,累计有 300 多家客商提出了商务合作意向。因产品知名度在行业中日益提高,森奥达还成功与德国博世,东鹏陶瓷,东风汽车等国内外知名企业达成合作。

对此,一些长期从事电机节能的专家学者也纷纷给出好评。清华大学教授、中科院高级工程师徐林瑞先生评价道:"旧电机再制造节能技术在废旧电机再利用方面实现了真正的绿色制造,切实做到了循环利用,市场前景不可估量。"

有了政策扶持、资金支持、企业合作,最重要的还要有技术人才保障。

自成立以来,森奥达科技有限公司与中国再制造的主要倡导者和发起者——中国工程院徐滨士院士以及其团队,建立了长期稳定的技术交流平台和合作机制。2017 年,公司成立瑞昌市森奥达科技院士工作站。

目前,公司依托院士工作站、合作高校以及自身研发团队,成立了由院士为领军,优秀中青年专家学者和研发工程师为骨干,专业技工为主体,由 30 余名博士、硕士组成的设计研发团队,以及 30 余名管理、生产和营销等各方面的高层次专业人才队伍。

此外,公司还建成了 1200 平方米的研发中心,配备了 20 余台(套)用于研发、测试用的各种型号电动机、零部件及检测测量仪器等专用仪器设备。充分保障了公司科研工作的顺利进行。

"大众创业,万众创新"是新时代的要求。森奥达的发展,离不开社会所有力量的共同努力。集八方之力,筑创新之墙,是森奥达的发展的必然选择,也是一个行业发展的强大内核。

启万里之航

"海阔凭鱼跃,天高任鸟飞"是王贤长常挂在嘴边的一句话。如今,森奥达虽然取得了许多成功,但王贤长并不满足。他热衷于自己的发明事业,希望一直坚守在前进的道路上,为行业创新贡献更大的力量。

个人是这样,企业也是这样。王贤长认为企业仅仅盯住脚下,是没有发展前途的。因此,他决定让瑞昌市森奥达科技有限公司与上海联信证券合作筹备"新三板"事项,预计 2017 年 10 月前可挂牌上市,以此推动企业更好地融资、增值和树立品牌,形成二次崛起。

未来 5 年内,王贤长希望产品可形成年改造量 5000 万千瓦,达到国内保有量 2%,形成绿色再制造产业链。未来 15 年内,他预计建设集生产制造、节能检测、电机展览于一体的森奥达生态科技园,从而为企业争得更多的行业和市场"话语权"。同时,用科技担当社会的责任,"让每一台电机都插上节能的翅膀",也是王贤长一个不小的"野心"。

而对于年轻的创业者,王贤长给出的建议是:不要盲目追随潮流,要深思熟虑,做别人还没做或别人做不了、做不好的事。

"创业、创新应当无所畏惧,只要目标明确,就坚持去做。只要怀有希望,总有成功的时候。"信心十足的王贤长,希望开启万里之航,使森奥达做大做强,走出瑞昌,走向世界!

(赵 翠)

艳梅绽放火样红

——访黑龙江省哈尔滨月亮八珍食品有限公司总经理徐延梅

　　她，徐延梅，靠着自己的诚信、智慧和坚毅，20多个春秋的寒来暑往，从一个集贸市场摆小摊的小女孩，成长为在全省各地拥有140余家品牌连锁专营店、20余家餐饮熏酱饺子馆、2万平方米的生产加工厂、近千名员工的女企业家。她公司的"月亮八珍食品"不用广告却在黑龙江尽人皆知，覆盖了哈尔滨的主要街道，现正以迅猛之势向外发展。徐延梅的"月亮八珍食品"有什么优势？它是怎么征服了众多客户？她有什么神通制作了这么好的食品，她有哪些经营的奥秘？朋友，别着急，听我一一给你道来。

迎风傲雪悄开放

　　徐延梅出生在农村，在哈尔滨工作的父亲将一家人带到了哈尔滨。家里人口多，贫穷和匮乏充斥了她整个的童年。为了生活，她19岁就到农贸市场摆摊，卖熟肉食品。她就像她的名字一样，迎风傲雪，悄然开放。每天一大早她就将肉煮好，推到附近的集贸市场卖。夏天，炎炎烈日烤；冬天，寒风中熬。尤其哈尔滨的冬天特别冷，一般都在零下30多度。她迎着寒风站在小摊边，迎来送往，冻得边跺脚边哈手。但想着全家人的生活，就默默忍受着寒冷的痛苦。冻伤了双手，但依然忙碌着；冻僵了脸庞，却依旧热情微笑。尽管很累，很苦，但看着每天能挣一些钱养家糊口，她心里很高兴，每天哼着"勤劳勇敢的中国人，意气风发走进新时代……高举旗帜开创未来。"当时最流行的歌，每天出摊，收摊，生活很充实。她坚信有付出就会有回报。

　　生意中，徐延梅秉承父母教诲的"诚实做人，诚信做事"的原则，肉制品货真价实，从不缺斤短两，且服务热情，因而，她的摊位前总是排着长长的队伍。寒来暑往，她用坚持和坚韧磨砺着青春。

　　也许是老天的惠顾，一年后，徐延梅所在的市场有一家室内店铺的老板，不愿忍受东北的寒冷，打算将店铺出租。了解到徐延梅家的不易，就主动找到她，以优惠的价格将自己店铺以及制作烘烤、熏酱制品的秘方转让给她。就这样,徐延梅的"八珍烤鸡"应运而生。她从室外搬到了室内,环境好多了。她又对烘烤、熏酱制品的制作进行了改进,使之更适合哈尔滨人的口味。"生意最好的时候,买我们店里的烤鸡都要排队。"描述着生意刚刚起步时红火的场景,徐延梅满脸喜悦。

梅花悄然开,花香蝶自来。靠着热情的服务、优质的货品、诚信的经营,徐延梅的生意红红火火。1994年,徐延梅结婚了,她有了丈夫这个高参,信心更足了。一天,丈夫对她说:"现在的产品都要品牌,你的'八珍烤鸡'要想做强做大,也要有个好平台、响品牌呀。"徐延梅一听觉得有理,借助大企业的品牌影响力,她的生意会更好。几经商谈,便和附近哈尔滨的"中央红月亮"签订了冠名协议,从此她的"月亮八珍食品"诞生了。

梅花绽放惹人爱

徐延梅同某大型商场签订了冠名合作的协议,就如同坐上了经营的航空母舰,使她的发展有了新平台:她招聘了员工,挂起了"哈尔滨月亮八珍食品有限公司"的牌子。徐延梅认真进行了思索:干,就要干出个样子!她确立了连锁经营的发展战略和准确的市场定位:立足弘扬中华美食饮食文化,努力创造食品餐饮产业知名品牌;她确立的经营理念是:品质是生命,诚信是生命力,顾客满意是我们生存的意义;她确立的发展愿景是:成业界领军企业,为东方华夏之骄傲;确立的企业纲领是:让我们一起实现梦想,广阔天地任翱翔;企业的灵魂是:爱;月亮八珍品牌标识是:月亮,代表企业最初发展的源动力。她为"八珍食品"注入了"珍传承、珍工艺、珍食材、珍新鲜、珍醇正、珍健康、珍团圆、珍关爱"的新意。在产品制作方面,她完善了进料、生产、质量验收及销售等规章制度,使企业的经营有规距遵、有章程循。

为确保食品的质量,徐延梅于2003年投资8000万元建成了生产车间,购进了国内外先进的厨房设备,建立了可供客户参观、透明式、体验式的食品加工餐饮流水线。夜里做,白天卖;上午做,下午卖,始终保持食品的新鲜。对产品的原料供应、生产加工、运输销售等环节实行全程监控,使产品质量、卫生精益求精。为适合社会各类消费者食用和送礼的需要,公司的产品分高、中、低档次,向客户公开承诺:食品无任何色素和添加剂,口味天然纯正。她们还不断进行市场调研,凡发现客户提出质疑和建议,就立即进行改进。电商线上食品保质的问题,就是她们通过市场调研发现的。原来,通过线上食品到达客户手中,味道就不十分新鲜了。针对此,她不惜重金组建研发团队,经过认真细致地研发,终于研制出新的包装,使生产出来的食品不论多长时间,到客户手中时依然新鲜如初。

随着生意的发展,药食同源的理论引起了徐延梅的重视。"利用中药的药性、药理来制作食品,不仅味美适口,再具有保健作用多好。"于是,她先后多次到中药店,向老中医讨教,了解各类中药的药理、药性。在掌握了一些中药的药性、药理后,她便在食品的制作中添加中草药,使其食品不仅能充饥,且有健脾、养胃等的保健作用。她们有的是在煮肉时在水中加中药,使药液渗入肉中;有的是将中药磨成粉,制作时掺入其中……这样,她们的食品就风味别致、独特了,具有了保健的作用。从一珍到八珍做真味食品,彰显了从原料到品质的贵族气息。

为使"月亮八珍"食品真正取信于顾客,徐延梅要求她的连锁店统一配方、统一配送原料、统一重量、统一价格,不许糊弄顾客。公司先后通过了 ISO9001 国际质量管理体系和 QS 食品质量安全认证,连续多年获得"黑龙江肉类食品十强企业"和"黑龙江省肉类食品知名品牌企业",月亮八珍食品先后获"黑龙江特产食品""黑龙江名牌产品"等荣誉称号。公司也由原来几个人的小作坊、小门店发展为拥有运营管理部、市场拓展部、销售部、培训部等 50 余人的核心管理团队,近千名员工的大型工厂、连锁食品、餐饮管理产业链条集团。

梅香暖人间

在哈尔滨,徐延梅的善爱是家喻户晓的:结婚六年后,她买了新房,把公公、婆婆接到身边以便早晚尽孝。老人喜欢田园生活,她就在家门口开辟了一块菜园,让老人种些菜呀什么的,使老人锻炼身体,陶冶情操;为了给患有胰腺癌的公公治病,她不惜放下工作,拿出重金为公公看病。婆婆 50 多年没回过山东老家,她便为老人策划了一次寻亲之旅,当婆婆见到久违的亲人时,不禁泪眼婆娑地说,"是儿媳妇帮我圆了寻亲梦,这辈子我没有遗憾了……"为了帮助丈夫的大哥摆脱贫困,徐延梅将繁华地段的店铺赠给了他;她资助丈夫的已去世大姐的两个儿女顺利完成了学业;她帮助丈夫二姐买地让其有了生活来源……采访中她对笔者说:"一个人的成

功,必须要从经营好自己的家庭开始,生命中最宝贵的东西,我认为是亲情。"正是
徐延梅的有情有义,才成就了一个幸福美好的大家庭。2016 年,徐延梅家庭荣获了
黑龙江省"最美家庭"称号。这年,她还获得"全国五好文明家庭"荣誉,并走进了人
民大会堂,幸福地接受了国家副主席李源潮的亲切接见,接过了李源潮亲手颁发的
荣誉证书。

徐延梅对家人如此,对员工也像亲人似的,每遇佳节,她都会将员工、特别是老
员工聚在一起,叙友情、拉家常,对员工亲切慰问。谁家遇到困难或过不去的坎,只
要她知道,就一定会伸出援手。2012 年,徐延梅偶然得知员工小刘要结婚,却因为
家庭贫困,没钱买结婚用品而发愁,她立即给小刘拿了数千元,还自费为他雇来了
乐队和车队,让小刘风风光光地办了喜事。虽然后来小刘去了外地工作,但只要回
到哈尔滨,他都会去看看徐延梅夫妇,"在我最困难的时候徐总帮了我,她的恩情我
永远不忘。"小刘每提及此事,总是感激不已。

徐延梅充满感情地对笔者说:"每个员工都是公司这个大家庭的一员,我有义
务照顾好他们。"

"达则兼济天下",是每一名企业家应尽的社会责任。徐延梅也是如此,她自
1998 年洪涝灾害捐款 3 万元以来,就开始了扶贫帮困之旅,而且前行的脚步越来
越坚定。 汶川、玉树地震她捐款 12 万元;她先后 3 次捐款 13 万元为家乡修路;她
还慰问了福利院老人、抗战老兵;看望了公安干警、环卫女工;踊跃参加"关爱脑瘫
患儿、留守儿童"等扶贫活动。2016 年,作为道里区女企协副会长,她随区妇联深入
新发镇走访贫困单亲母亲,当她走进一贫如洗的一户农家,蹲在孩子的母亲面前,
握着她怀里孩子脏兮兮的小手时,心疼不已。她知晓贫穷的滋味,临走时悄悄地在
那冰凉的土炕上放了 500 元钱;2017 年 5 月的母亲节,她通过道里区妇联了解到
春耕时有些贫困妇女没钱买种子,她积极响应国家"精准扶贫"的号召,为 10 名妇
女捐赠 2 万元种子和化肥,希望送姐妹们一粒种子,能让她们收获满园希望,能成
为孩子和姐妹们的依靠。对此,她感觉很幸福、很满足。

梅香延未来

谈起 20 多年创业的感受,徐延梅对笔者说:"我感激我父亲对我的教诲:诚实

做人，诚信做事。我正是做到了这一点，我的事业才做到了这一步；我还感谢我的其他家人和身边的朋友，在我遇到困难的时候，他们都给了我有力的鼓励和支持；我更感激我的员工，是他们每日辛勤的工作才有了公司的今天。"她的态度如此的诚恳，感情如此的真挚，令笔者不由心动。

谈起未来，徐延梅说："我最大的愿望就是把企业做好，让我的员工腰包都鼓起来，有车有房富起来。"2017年她要扩建厂房，使原来的2万平方米扩大到3万平方米。根据企业的发展，她现在的厂房已经不适应了。她要招聘更多的食品科技人才，开发更多的，质量更好的，适合社会上各类客户的"月亮八珍"食品；她要充分利用互联网的优势，将她们的"月亮八珍"食品销往全国，全世界，使全国人民、全世界人民都能吃到她的"月亮八珍"食品。她谦虚地说："现在的时代是创业的时代，社会发展很快，我一刻也不敢放松，尤其是食品市场，如逆水行舟，不进则退。我整天感觉时间不够用，每天都在考虑公司的下一步。"她要把"月亮八珍"打造成全产业链绿色健康熏酱制品的领军品牌，弘扬传统药膳美食，成就中国熏酱专家！

谈起未来的社会公益活动，她表示，将继续踊跃参加区里组织的公益活动，尽力为社会、为贫困人员提供帮助。同时，她还呼吁社会关注弱势群体，落实党和政府的精准扶贫政策，使这些弱势群体早日脱贫。

生命的光辉除了自身价值的体现，更因责任信念与爱的萦绕而愈加夺目闪耀。徐延梅凭着她的信念和执着为自己创立了一片天，我们愿这朵梅花更加艳丽，愿她的事业蒸蒸日上，走向美好的未来。　　　　　　　　　　　　　（刘　欣）

爱农业、懂技术、善经营的良心企业家
——访黑龙江省拜泉县鸿翔亨利米业有限公司董事长张洪利

他出身农民,广袤的黑土地赋予他坚忍不拔的意志,黑龙江漫长的冬季给予他雪一般纯洁透彻的心灵;他曾经是一位坐拥亿万资产的外贸商人,看到国内食品行业与国外的巨大差距,毅然回笼资金,回国创办农产品企业;他生活富裕却选择二次创业,只希望用自己微薄的力量,带动家乡乃至国家的有机食品行业发展,提高粮食品质;他在产品滞销时,哪怕自己为难也从未拖欠农民工资,从不气馁也从不放弃,终于利用现代互联网＋打开销路;他注重食品质量,调整农业结构,做好"供给侧改革",以需求带动生产,利用机械化耕种收,促进农业现代化发展;他致力于提质增效,决心打造属于老百姓的金字招牌,给客户一个安心。

他,就是张洪利,一个农业领航者,一个良心农民企业家。

毅然回国,只为守护浓浓乡土情

拜泉县物华天宝,人杰地灵,作为东北"四大粮仓"之一早已闻名遐迩,更有"民以食为天,好米数拜泉"的美誉。这里布局集中、产业集聚、资源集约、服务集成,绿色产业园区初级规模。

鸿翔亨利米业有限公司就坐落在拜泉县绿色产业园区内,它成立于 2010 年 6 月,由意大利黛丽达皮具(中国)有限公司投资 1.1 亿元兴建。

公司一直高举生态农业大旗,大力弘扬"诚实创新、与时俱进"的企业精神,坚持"以农为本、以粮为主、多业并举"的发展思路,锐意进取,开拓创新,努力做大做强。

公司紧紧围绕建设现代米业加工的总体目标,发挥以"绿色、营养、健康"为内涵的"品牌农业"的优势,积极转变经营发展方式。

说起公司掌舵人张洪利,在拜泉县乃至黑龙江省都是一个名人。他是个有故事的人。

他很有经商天赋。

早在 1992 年,他就跨出国门,去俄罗斯、意大利等国做皮具贸易生意,国外多年的摸爬滚打,使他的生意做得风生水起。

时光飞逝,多年异国他乡的漂泊,让他感到很疲惫,随着年龄的增长,思乡之情也变得越来越浓烈。他说:"生我养我的黑土地有我的亲人,有我浓浓的乡愁,在思想的深处有一种东西深深地吸引我回家,为家乡做点什么。"

为了故乡那浓浓的亲情,为了回报家乡父老,带动家乡经济的发展,2010 年,他毅然放弃国外的事业,带着家人从俄罗斯回到阔别 20 年的家乡——拜泉。

回归祖国,回到家乡,他没有停歇,踏上了人生的第二次创业之路。张洪利也曾为创业方向的选择有过困惑和迷茫,家乡这张国际绿色产业示范区的名片,使他对有机水稻种植加工业坚定了信心。他决定在故土上开始了崭新的事业,主做生态大米,决定做一款为中国人量身定做的大米,希望为家乡的经济发展做出贡献。

在创业过程中,张洪利的创新意识发挥了重要的作用。

他从小在农村长大,亲眼目睹并亲身经历老一辈东北农村人种地及销售的过程。广袤的东北大地,家家都有十几亩地,每年收获之后,除了留足家里的口粮,剩下的都会直接在地头卖给专门收稻子的商贩。价格往往收购都是商贩定的,农民两眼一抹黑,并不是很清楚每年的市场行情,辛辛苦苦一年也挣不到多少钱。

张洪利常年在外经商,信息来源比较广,市场行情知道的也比较清楚。他就给农民讲深加工,引导他们挣到更多的钱。

他感慨,老实本分的农民,思想不开阔,只会被动地接受,这就需要一个有良心的企业家去帮助他们,带领他们,提高他们的生活水平。

张洪利做到了,为了让国人吃上放心大米,他引进国际最先进的全自动化有机米生产线和色选设备,创建有机食品品牌 13 个,公司的"鸭稻米"等生态有机大米都严格按照国家标准生产。

一分耕耘一分收获,"有机鸭稻米"先后荣获第十二届国际绿色有机食品博览会金奖、第十三届中国国际农产品交易会金奖。

专注产品深加工,让客户吃出健康

张洪利立足于高端产品,为了生产高品质又让人放心的有机农产品,爱学习的他在几年间多方请教专家,多方位学习农业生产技术和管理经验,很快就成了种植水稻的行家里手。不仅如此,他还花重金从江苏省聘请农技专家为有机水稻生产基地进行顶层设计。

在大米加工流水线的选取上,张洪利始终坚持以"技术先进、成熟可靠、前景看好、环保节能"为原则,为了使项目早日投产走向全国市场,他多次累倒在工作岗位上。

让客户吃到优质大米,吃出健康,吃得放心是张洪利一直追求的目标。

公司专注产品的深加工研发,种植技术的革新,延伸产业链条,提高产品品质,积极拓展销售渠道,让"销得好"倒逼"种得更好"。

2012年,张洪利引进国际领先的鸭稻共作技术,利用复合积碳型寒地黑土特质,采用天然自涌泉积温水灌溉,积极探索实践适合本地的鸭稻米种植模式,逐渐形成以稻作水田为条件、以有机水稻种植为中心、稻鸭田间网养的循环生产模式。

2013年,张洪利凭借着超前意识,投资了200万元配套建设农业互联网设施,在有机鸭稻种植基地内布设光纤。

在省有关部门的协调下,与黑龙江省绿色食品发展中心合作,改造基地互联网设施,将四方位监控系统升级为十八方位监控系统,让全国各地的消费者都可以全程看到鸭稻米种植、加工、检验、包装全过程通过国家认证机构获得水稻有机认证标识。

目前,生产基地稻种都已用上自己技术团队培育出来的"沃早香",真正掌握了水稻育种的核心技术。

2015年,有机水稻种植基地被命名为"黑龙江省鸭稻共栖有机水稻核心示范基地"。

除加强基地自身建设外,张洪利还与当地合作社开展合作,发展水稻种植,为合作社统一提供专用种子、肥料、生物菌和全程技术指导,亩均增收420元,辐射水稻种植面积4万亩,带动937农户共同致富。

同年,中石化北京分公司经过前期选取10家高端有机大米进行内部盲选品鉴,结果拜泉鸿翔亨利米业有限公司生产的鸭稻米脱颖而出,600吨有机大米的购买合同一举打开了高端市场的大门。

张洪利在企业年会上提出"稳定大米和杂粮销售,开发新的产品投入市场",他永远不满足于企业现状,推新除旧,让企业得到了更好的发展。他创新性地提出功能性杂粮、胚芽玉米、糙米等迎合市场需求，根据市场需求量身定做的产品。

在外经商多年的张洪利为了鸭稻米被更多消费者所熟知，他把鸭稻米运到北京，先后在赛特、燕莎、良友等高端商场设立销售专柜，并进入淘宝、天猫商城，很快打开了高端市场。

如今，拜泉县鸿翔亨利米业有限公司已经是一家集绿色有机粮食的种植、采购、加工、销售和仓储为一体的省级农业产业化龙头企业，目前已通过 ISO9001 质量管理体系、CQC 食品安全管理体系认证，经北京中绿华夏有机食品认证中心有机食品认证 13 项、绿色食品认证 8 项，与中石化北京分公司共创商标"易捷八百泉"，并与中国农业大学、哈尔滨师范大学、青岛农业大学达成合作建立实验基地。

提高企业效益，实现农企双赢

张洪利重视企业效益，着力于老百姓；为消费者着想，为消费者量身定做产品；为农民着想，让农民有最大的利益；服务于人民，服务于社会，实现农企双赢。

企业的发展离不开人才的积累，张洪利重视人才，拥有长远战略性眼光。他寻找行业精英，与国内食品粮食知名专业高校合作，组建国内一流技术团队，种植研发一体化操作，企业拥有系统化、精细化的管理。

企业员工的期盼，家乡百姓的支持是张洪利在创办初期度过难关的精神支柱。

2013 年，是张洪利创办企业的第二年，也是他和企业最艰难的一年，手里的一个多亿资金都投出去了，但是有机种植的相关手续还不完善，他投入巨资的有机大米只能按照普通大米的价格销售，这一年就赔了几千万元。

最穷的时候，他出差为了省下机票钱，坚持坐十几个小时的火车，朋友聚会都不敢去。他的朋友都笑他，说他傻，挣了那么多钱，把北京的房子都卖了，去干种地的活。巨大的心理生活落差，让他愁白了头。

过年的时候，给工人结算工钱，发完工资之后，自己都没钱了，工人都知道他的情况，毅然把自己的工钱还了回去，让他度过难关，他十分感动，只有努力改变状况，走出困境，带领工人过上好日子。

就是这份坚持，让张洪利的企业成绩越来越好，现在已经是当地的龙头企业，他也成为知名企业家。

张洪利利用产品和模式,使农民每年每亩地可以多挣 100 多元。他说,农业产业很难做,没有土地做不了,没有七八年成不了型,没有牢固的团队成不了,其中的困难和辛酸只有自己知道。但他深知浓厚的乡土情是他做农业的初衷,农业根基是农民,他的愿望很简单,他要带动自己的村、镇乃至县,让更多的农民挣更多的钱。就是因为张洪利愿望简单,真心实意为农民考虑,为消费者考虑,才会做出让大家都喜欢的放心农产品,也带领村民们走上了致富之路。

在他的带领下,拜泉县鸿翔亨利米业有限公司将继续坚持高端有机食品的发展路线,以"打造有机经典品牌"为目标,融合物联网和"互联网 +"战略前言技术优势,构建"合作社 + 农业物联网 + 品牌龙头企业 + 产品检验检测机构 + 产品质量追溯 + 智能化仓储 + 电子营销平台"的有机食品产业发展模式,努力成为生态农业、绿色农业发展的探索者、实践者。

一个时代有一个时代的主题,一代人有一代人的使命。张洪利从一个农民之子华丽转身为一名企业家的辉煌人生,他无疑是成功的,他身上那份强烈的责任感,勇于改革创新的魄力和担当,铸就了他现在的成功事业,他的实干精神和大爱情怀会影响、关爱更多的人。

正如张洪利所说:"作为一名民营企业家,强烈的责任感促使我要做改革的坚定拥护者和实践者,要有勇于改革的魄力和担当,攻坚克难,劈波斩浪,向深水区砥砺奋进!"

相信,张洪利会带领拜泉县鸿翔亨利米业有限公司在未来的发展道路上披荆斩棘,再铸辉煌,实现鸿翔飞翔的"鸿翔梦"。　　　　　　　　　　(刘　欣)

创新传统美食开拓食品领域新天地

——访吕梁珍味谱食品有限公司董事长张世文

自古有言"民以食为天,食以安为先",可见食物以及食品安全对于人们的重要意义。但如今食品安全问题频出,吃到纯天然的健康食物这个人们曾经的基本愿望,对如今的消费者来说已经成为奢望。

吕梁珍味谱食品有限公司的董事长张世文在意识到这个问题以后,立志做人人能够放心吃的健康食品,他决心把家乡的特色美食带给更多的人品尝。

慧眼独具传统美食新商机

张世文于 1980 年出生于吕梁市临县,如今也将近不惑之年,他在很长一段时间里,一直从事煤炭行业的工作,凭着多年的打拼,他成为当地颇有名气的煤炭企业老板。但他有着非常睿智的头脑,他深知煤炭行业的获利都是一时的,随着国内煤炭市场形势的不断变化,他熟悉的这个行业终会迎来所谓的"寒冬"。

2009 年,他敏锐地感知到这个"寒冬"即将来临,于是他毅然退出已获得很大成就的行业,准备在全新的领域开辟一番事业。这个时候他想起了传统食品行业,因为他自小吃着家乡特色的食物长大,其中最让他难以忘怀的就是酥脆美味的三交烤馍,那是当时年幼的他最爱的食物。

除了味道之外,张世文详细了解了烤馍的营养价值。烤馍是当地一种古老而传统的食物,它以面粉为主要原料,在烘烤的过程中,淀粉在高温下分子链会断裂成"碎片",成为糊精。而烤馍上面的焦黄部分,就是由大量的糊精构成的,而焦黄部分还有不少黑点,这是淀粉在受热过程中形成的炭。这些细小的炭粒中充满了空隙,它能在人们的肠胃里吸附大量水分、气体、胃酸、细菌和毒素,然后排出体外。因此胃酸过多的人吃了烤馍之后,因过多的胃酸被吸附掉而感到舒服;腹胀的人吃了烤馍后因肠胃中过多的气体被吸附掉而感到轻松;消化不良导致腹泻的人吃了烤馍之后,因有害的细菌和毒素被吸附掉而症状缓解;消化不良而导致水泻的人吃了烤馍之后,也会因过多的水分被吸附而减轻症状,这也是医生会给水泻病人服用炭类药物的原因。这些都证明了烤馍对人体健康有益,符合现代人对健康饮食的追求,也符合张世文创业的需求。

在清晰地认知到烤馍的市场前景之后,张世文在 2010 年底成立了吕梁珍味谱食品有限公司,组建专业的团队,来进行烤馍的研发、生产和销售。

百折不挠曲折中创新事业

在成立公司以后,张世文开始了自己崭新的事业,但这个过程却并不像他想象中那么顺利。当他带着公司团队精心研制的烤馍,信心满满去向外省客户推销产品时,却被客户以口感不佳、包装简陋等原因屡次拒绝,以至于生产的烤馍卖不出去,库房里压满货物,年底结算时亏损高达 30 余万元。

张世文怎么也没想到,在他心中念念不忘的美味,竟然在外省销量惨淡;在他眼里万无一失的创业计划,竟然一上场就惨遭滑铁卢。但他并没有因为这次打击就一蹶不振,而是反复思考失败的原因,从中总结出经验教训。与此同时,他深入食品市场进行调研,决心从外观、口感等诸多方面来全面改进传统烤馍,从而生产出真正适合消费者的食品。

于是,他专门聘请了太原食品研究院的教授来进行产品研发,来改善产品的口感,提高产品的营养价值。在整个研发团队的共同努力下,新推出的烤馍在不改变原有口味的基础上变得更加酥脆可口,并且因其不添加任何食品添加剂,使人们不仅吃得开心,而且吃得放心。

在销售的过程中,张世文意识到一种产品在市场上能否受到欢迎,除了取决于产品本身的味道之外,产品的包装也发挥着极为重要的作用。因此,他选择了红色、绿色、橙色、紫色等亮眼的颜色为产品的包装底色,并印有显著且规范的品牌标志,这样既能吸引消费者的视线,也能增强消费者的食欲。除此之外,张世文还根据不同客户的需要把包装分为不同的等级,进一步增强了产品的特色。

在改进了口感和外包装以后,这款产品一经推出就受到了消费者的广泛好评,外地客商的订单纷至沓来,多家供应商纷纷表示要和张世文建立长期合作关系。新产品的推出,不仅让张世文走出了困境,更为公司开拓了广阔的市场,让吕梁珍味谱食品有限公司在食品行业站稳了脚跟。

勇于创新科技开辟新市场

张世文深知,一家企业想要取得好的发展,就要生产出高质量的产品。而想要生产出高质量的产品,不仅要拥有持续创新精神,更要有规范的工艺流程、先进的技术水平和优秀的员工团队。

随着公司这些年来不断地发展,现在公司拥有百余名员工和十余位技术员,拥有蒸汽锅炉、自动和面机、自动成型机等先进的生产设备,每一个烤馍食品都要经过和面、发酵、试碱、压面、上面、切馍和捏馍这一系列标准的程序才得以诞生。也正是因为有这样一套规范的工艺流程,在每一个环节都注意卫生和细节,消费者才能吃得放心、吃出健康。

张世文在坚持做好产品的同时,也时刻倾听着消费者的声音,积极适应市场的变化。因为有些顾客反映说烤馍块头有点大,以至于咬一口后嘴边会沾上很多馍片碎渣,不仅撒到衣服和地上难以清理,而且在外食用时也会影响美观。于是公司团队研发出一口一个的小烤馍,方便人们的食用,也使烤馍成为人们喜爱的休闲零食。此外,公司技术团队还顺应市场的需求,研发出适合儿童食用的烤馍——平安棒,这种烤馍薄薄脆脆,深受儿童喜爱。

从公司成立至今天,张世文带领公司传承吕梁传统的烘焙工艺,与此同时坚持产品创新,不断完善烤馍的制作工艺,研发出手工烤馍千层卷、烤馍平安棒、烤馍方块等系列产品,包括了葱香、茴香和红枣等六种不同口味,以求更好地适应消费者的口味,满足市场需求。

都说"变"中求"胜",但不管珍味谱食品有限公司生产的食物在口味、外形和包装上如何改变,食品的质量永远都是第一位的。张世文希望所有的顾客都可以品尝到美味、健康的烤馍,了解他家乡的美食文化。

但他明白公司的发展除了取决于产品的质量之外,在很大程度上也取决于产品的销售渠道和市场分布。于是,张世文凭借着高质量的产品和优良的服务,不断向外拓展公司的销售市场,在他的努力下,公司产品成功销往河北、山东、河南、北京、天津、陕西、内蒙古等15个省份的120余个城市。

张世文并没有因为眼前的成就而沾沾自喜、止步不前，随着互联网时代的到来，他积极与淘宝、乐村淘等电商合作，尝试网上销售产品。很快，珍味谱烤馍因为其别致的风味从众多产品中脱颖而出，得到消费者的广泛认同，打开了线上的销售渠道。

与此同时，珍味谱食品因为网络的快速传播而获得更多消费者的喜爱，知名度得到了进一步提升，同时获得了各级政府部门的认可。2013年，"珍味谱"商标被吕梁市工商局认证为"吕梁市知名商标"，同年11月，吕梁珍味谱食品有限公司被吕梁市工商局认定为"守合同重信用企业"，2014年8月，公司被吕梁市农业产业化领导组认定为"农业产业化市级骨干龙头企业"，2015年5月被吕梁市委"8+2"农业产业化领导小组授予"8+2"农业产业化先进集体，2016年"珍味谱"商标被山西省工商局评为"山西省著名商标"。

如今，珍味谱食品有限公司已投资3000余万元，在吕梁市离石区信义工业园区内建设了占地15亩的新厂区，并开始研发杂粮系列产品，预计以后烤馍系列产品年产可达5000吨。

在旁人眼里看来再普通不过的烤馍，却在张世文的手里变成了一笔可观的财富，也因此成为吕梁美食文化的代表。张世文用他的创业故事向世人证明，只要你有创业的想法，只要你敢想敢做，并坚持付出百分之百的努力，就一定能够有所成就。

（刘 欣）

不忘初心 孝行天下
——访"爹娘亲"品牌创始人窦素芬

如果说她的生命是一本不忍卒读的书,命运却把她装订得极为拙劣。

她在 1976 年唐山大地震中痛失双亲,从那时起,她再也享受不到父母的温暖和关爱,那场灾难给她幼小的心灵蒙上了一层挥之不去的阴影。

她是那场人间浩劫的幸存者,是解放军、政府及各界人士拯救了她,给了她第二次生命,她感谢党和政府,感激帮助过她的每一个人,从那一刻起,她心中就种下了感恩、回报社会的种子。

如果说一切都是天意,一切都是命运,那么,她经历的苦难,让我们感到惋惜,然而,她走过的路、所从事的事业,足以让我们惊叹。

1982 年,她被分配到唐山水泥机械厂做了一名工人;1989 年,她兼职开了自己的服装店,之后,在山西康宝集团工作;1998 年,与山东再续情缘,她牢记社会的关爱,在山东省临沂市开始了她心爱的事业——医药工作,她以实际行动践行着自己的誓言,一干就是 10 年。2008 年,她开始创业,成立了临沂市基缘医疗器械有限公司;2012 年注册创立"爹娘亲"品牌,她把"做有良心的事业"作为公司发展的宗旨和方向,把"传承孝文化,传递大健康"作为自己一生奋斗的目标。

她,就是"爹娘亲"品牌创始人窦素芬。

我们有幸专访了窦素芬,她随和、直爽,谈笑间,我们感受到了她身上散发的那种傲气,看到了她对心爱事业的那份执着、坚守,聆听了她对年轻人的谆谆教诲,对她的崇敬之意油然而生。

"爹娘亲"照亮回家的路

爹娘在,家就在,父母恩情似海深,人生莫忘父母恩。

家永远是我们休憩的港湾,受伤后可以疗伤的地方。爹娘是家的重要部分,假如没有了父母,我们就像浮萍,当风雨袭来时,谁为我们遮风挡雨?当我们孤独无助时,谁来替我们分忧? 当我们取得成功,又有谁与我们分享?

我们常年在外奔波,常回家看看成了一种奢望,常回家看看也成了年迈父母最大的期盼。

一句"过几天时间我就回家看您",对于父母来说却是漫长的等待。时间总是在不经意间溜走,父母渐渐老去,请不要让爱来得太迟。

"再忙也要'常回家看看',不要像我一样,留下'树欲静而风不止,子欲养而亲不待'的遗憾!"窦素芬伤心地说道。

"穷苦莫教爹娘受,忧愁莫教爹娘耽",这是我们每个做儿女的必须要做的事情。这也是窦素芬创立"爹娘亲"品牌的初衷,她说:"没有机会给父母尽孝是我这一生最大的遗憾。"但她希望通过"爹娘亲"品牌让天下儿女的人生不留任何遗憾。

"爹娘"是对父母最亲切的称呼,一声"爹娘"能把人最淳朴的感情焕发出来。2012 年,窦素芬注册了"爹娘亲"这个品牌,目的是想让很多在外打拼的 80 后、90后,无论何时何地看到"爹娘亲"这三个字,就能让他们想起远在家乡的爹娘,当他们迈入"爹娘亲"专卖店,就感觉像回到自己家一样,哪怕只是进来休息一下,也能感受到家的温暖,驻足停留之际,还可以接受健康养生的指导服务,为爹娘精选到最称心的健康礼品。

爱停留,心驻足,"爹娘亲",照亮回家的路。

"爹娘亲"让我们感受到了家的温暖,让我们感觉从店铺精选的不是冷冰冰的商品,而且对父母的一份孝心、爱心,拎起饱含温暖的礼品离开时,一股暖流自然而然流入心田。

这里不是购物商场,这里充满了爱和健康,这里处处是满满的正能量。

"我要的不是卖东西,我要的是通过'爹娘亲'这个平台,让更多的人感受到满满的爱,从而找到回家的路。"窦素芬深情地说。

"爹娘亲"品牌,传递爱与健康的窗口

"关爱生命、关爱健康,什么都可以等,唯有全家人的健康不能等;弘扬孝文化、传递大健康,什么都可以等,唯有孝敬父母不能等。"这是窦素芬经常说的一句话。

俗话说:"百善孝为先。"这个流传千古的中国孝文化,依旧在教育着我们要遵

循孝道。

一曲《时间都去哪儿了》唱红了多少人的双眼,戳中了多少人的泪点,触动了无数人的心弦,催发了无数人的思考。

一首《常回家看看》曾红遍大江南北,经久不衰,唱出了多少父母的心声,听哭了多少在外的游子。

离家的孩子总是被父母挂在心头,操劳半生的父母希望的仅仅是儿女们能够常回家看看,跟他们唠唠家常,而外地的儿女也总因为不能常回家看看父母而觉得愧疚。

岁月不堪剪,年月日,时分秒,回首逝去的青春,不禁让我们感叹、惋惜,对于日渐衰老的父母,我们能做的就是常回家看看,多陪陪他们。

乌鸦尚且知道反哺,羔羊犹知跪乳。当越来越多的儿女为了工作等原因而常年奔波在外时,我们不得不提醒他们,行孝要趁早,不要留下"子欲养而亲不待"的遗憾。

现如今,这句一直被人们挂在口头的"常回家看看"已作为一个硬性规定列入《老年人权益保障法》,希望借此约束在外的儿女能够经常回家看望或问候父母亲。

敬老孝亲是中华民族传统美德,《老年人权益保障法》,明确规定"家庭成员不得冷落老年人""应当经常看望问候老年人",引导国人重建道德、重建文化、返璞归真,传递正能量,让"百善孝为先"的理念唤起每个人的良知。

2016 年全国"两会"上,国务院总理李克强在政府工作报告中提出,"发挥大众创业、万众创新和'互联网 +'集众智汇众力的乘数效应"和"支持发展健康、养老、教育培训等服务消费"。

这一切,激励着身为 60 后的民营企业代表的窦素芬,她深感责任之重大。于是,她勇担重任,用一颗感恩的心默默地回报着社会。

继 2008 年成立临沂市基缘医疗器械有限公司、2012 年注册"爹娘亲"品牌之后,窦素芬于 2014 年搭建网络平台,建立起"爹娘亲健康养生礼品连锁商城",2015 年建立起"爹娘亲健康城电子商务连锁平台""爹娘亲家庭服务移动平台"和"爹娘亲居家养老移动平台"。

公司成立近 10 年来,窦素芬始终坚守"诚信做人、诚信做事、诚信是企业的生存之本"的理念,把"弘扬孝文化、传递大健康、传递正能量"作为企业文化,把"专注健康事业、传递爱心、帮助更多人实现创业梦想"作为最终目标。

窦素芬说："我们现在也是在征集全国各地孝文化的典范。山东是孔孟之乡,也是我们孝文化的起源地。通过"爹娘亲"这个爱的窗口传递孝文化,传递大健康,真正让社会去维护老人,关爱老人,去弘扬孝道。"

"大众创业,万众创新"的时代构想,唤起了每个人的创业梦。

窦素芬艰辛地走到今天,她所经历的心路历程不是每个人都能做到的。她借着国家帮扶政策,利用企业之间强强联合优势,通过自己的艰苦努力,打造了一个实实在在的有文化、有家庭、有健康、有发展的"爹娘亲"创业平台。希望更多的人,不论是大学生、退伍军人,还是残疾人都能加入进来,获得更多的建议,少走一些弯路,在互联网时代,能有一个属于自己的平台,自己去经营。

"授人以鱼不如授人以渔",窦素芬明白这一点,她说:"我们给一些年轻人、退伍军人或残疾人提供一个工作岗位可以让他们生活好起来,如果我们给他们提供一个实现创业平台,他们就完全能实现创业梦想。'爹娘亲'品牌就是这样一个圆创业梦的舞台,只要理解认可我们的理念都可以参与进来,我们愿意一起努力,把'爹娘亲'这个品牌树立起成孝道的标杆,打造成传递爱和健康的窗口。"

多年的执着与坚守,让窦素芬和她的"爹娘亲"品牌受到社会各界、各级领导的关注和认可。

在2012年9月临沂市第二届孝文化节上,"爹娘亲"品牌得到临沂孝文化研究协会的认可,同时任命窦素芬为该协会副会长,原济南军区原副司令郭玉祥中将也欣然为"爹娘亲"品牌题词。

2013年3月,"爹娘亲"品牌被评为中国新锐品牌,同年9月,"爹娘亲"品牌得到临沂市拥军优属协会认可,窦素芬被推举为该协会理事。

2014年9月,中国孝文化研究会、中国老年学学会养老食品专业委员会授予"'爹娘亲健康养生礼品连锁商城'老年示范基地"的荣誉;2015年8月,"爹娘亲"品牌在第六届中央机关老干部健康联谊会暨全国特色医疗与健康成果交流会上,被中国老年学学会科学养生专业委员会认可,同年11月,"爹娘亲"品牌被中国民族品牌影响力论坛组织委员会评为"中国最具影响力民族品牌",窦素芬个人被评为"中国民族品牌创新人物";2016年"爹娘亲"品牌被中国民营企业领袖年会组织委员会评为"中国民营经济最具发展企业及中国民营积极杰出创新企业"。

爹娘宝贝 生命再延续

2016年9月,在河北秦皇岛举行的第二届中国康养产业发展论坛上,"爹娘宝贝?生命再延续"无菌纱布系列新生儿用品首次亮相,就引起了极大的关注,产品得到了消费者和专业人士的高度认可。

窦素芬把"爹娘亲,爹娘宝贝,生命再延续"作为形象店铺的标题语。"爹娘亲"这个品牌,不仅仅只是关注老年人的健康、关注儿女对爹娘的关爱,也关注爹娘对儿女、子孙的关怀。

窦素芬坚持认为,"传承孝文化,传递大健康"应该从娃娃抓起,要把中国孝文化和全民大健康的理念一代一代传承下去,"爹娘亲"品牌就是行业里的典范,在"爹娘亲"店铺里,可以寻找到合适的礼品孝敬自己的爹娘,也可以找到高科技新生儿用品送给儿女、子孙。

窦素芬说:"在我们平台找到的礼品,哪怕是一个单品,我会让他们找到他最需要的、国内最好的产品。"

她希望通过"爹娘亲"这个品牌解决从小宝贝到老年人遇到的很多问题,也希望把怎样爱国、怎样拥军、怎么孝敬、怎么关心下一代的文化精髓融合到"爹娘亲"这个平台里。

"爹娘亲"品牌就是倡导贴近百姓生活,让更多的人看到"爹娘亲"品牌店就如到家一样,感受到贴心的服务,安心享受来自大自然、纯天然的健康产品。

她不希望把"爹娘亲"品牌建成一个以盈利为中心的卖场,而是通过每个窗口去传递爱与健康,如果企业打着从中谋取暴利的幌子加盟她的"爹娘亲"品牌,窦素芬是坚决不会同意的。

她说:"是党、政府和社会的关爱,让我从灾难中活了下来。没有社会的大爱,就没有我的今天,我一定要将这份爱传递下去! 我创立'爹娘亲'这个品牌,就是希望这个品牌可以真正地为国家做一些事情。"

多年来,窦素芬怀着这颗感恩之心,一直用实际行动践行着自己的誓言,她带领员工着重关注老年人群、孕婴群体和亚健康人群,多次举行公益活动,为市民免费体检,进社区做义工服务,得到了老百姓的称赞。

　　自2012年窦素芬注册了"爹娘亲"这个品牌以来,她把所有的精力用在了打造品牌上。她眼光独到、看得长远,把"爹娘亲健康养生礼品连锁商城"网络平台分为七大板块:

　　(1)孝文化,设置这个板块,旨在传承中国传统孝文化,弘扬孝道,让更多的人去敬老孝亲;

　　(2)大健康,这个板块是结合国家政策创建的,征集全国优秀临床养生专家的讲座,放在爹娘亲网络平台上,让更多的人真正的、正确的理解预防医学和自然医学;

　　(3)企业文化,这个板块主要把国内知名企业的企业文化,企业家的创业故事借鉴过来,让更多的客户从中受惠;

　　(4)爹娘亲板块,创建这个板块旨在让更多的人感受"爹娘亲健康养生礼品连锁商城"带来的温暖,找到家的归属感;

　　(5)健康礼品,旨在让每个年龄段的人们,都能找到合适的健康礼品孝敬自己的爹娘;

　　(6)教育培训,这个板块旨在让更多的客户接受爱国、敬老孝亲、健康教育,培养大学生创业理念,德智体全面发展的教育理念;

　　(7)招商加盟,这个板块旨在吸引更多具有"传承孝文化、关注大健康"的优秀企业加盟进来,合作赢天下。

　　经过近10年的磨砺,窦素芬把当时的梦想逐一变成了现实,七大板块的设想都落地生根,越来越多的年轻人受"爹娘亲"品牌的影响,意识到孝道的重要性,自觉地去传承孝文化,传递大健康,全国各地有创业梦想的年轻人都纷纷加盟到"爹娘亲"这个项目,国内很多公司及健康产品纷纷入驻"爹娘亲健康养生礼品连锁商城"。截至目前,互联网平台联盟合作企业单位已达100余家。

　　2017年10月18日,苏宁易购众筹招商项目负责人安腾总监实地考察"爹娘亲健康养生礼品连锁商城",了解了"爹娘亲"品牌的故事后,决定与爹娘亲品牌一起携手,共商大计。

　　"不积跬步,无以至千里;不积小流,无以成江海。骐骥一跃,不能十步;驽马十驾。"面对未来,窦素芬有长远的规划和布局,她的目标是逐渐在全国各个城市建立"爹娘亲"品牌连锁店,就像麦当劳、肯德基一样,遍布全国各地,树立孝文化的标杆,传递爱与健康,让"爹娘亲"品牌惠泽更多的人。

"我把自己比作一只小船,在浩瀚缥渺的大海中航行,我不知道何时靠岸。"窦素芬谈到未来,郑重地说道。

未来路上,窦素芬将以锲而不舍、永不懈怠的精神,继续肩负"传承孝文化、传递大健康"的使命,让"爹娘亲"品牌遍及全国、走向世界。　　　　（刘　欣）

忠于自然还原生态的守望者

——访江西禾尔斯环保科技有限公司董事长高婉琴

高婉琴祖籍江西萍乡,于 1992 年走出国门,开始了长达 20 年的海外生涯,那时她女儿才 6 岁。从留学到打工再到走到海外公司高层,期间饱经人生之苦,遍尝人间百味,终于得以在金融和投资管理领域硕果累累。岁月如梭,对故土的眷恋、抑制不住的乡愁以及对双鬓白发发父母的挂念……让她归心似箭,寝食难安,2011年春,她义无反顾地回到了魂牵梦萦的故乡——萍乡。

回归,为了脚下这片土地

叶落归根的传统思想观念深深根植于每个中国人心中,是每个中国人的宿命,高婉琴满怀着热情、希望、憧憬回到久别 20 年的故土萍乡,在这里开始了她热爱的执着坚守的崇高事业。

近年来,全球环境一天天恶化,大气环境、海洋环境不可逆转的污染,刺痛着从事环保事业的高婉琴,她看在眼里记在心里。有着海外经历的她发现国人的生活品质、生存状况较海外有很大的差距,国人对高品质生活的追求和渴望,得到的却是海外企业的欺骗和嘲讽,他们甚至把废弃的、过时的低端日常生活用品运到我国当作高端商品来销售,并扬言你们没有高科技技术,生产不出高端的日常生活必需品,这让高婉琴的自尊心受到了强烈的冲击,从海外归来探亲回家时看到国内孩子恶劣的生存生活环境,孩子的未来让人堪忧,这一切刺激着高婉琴的每一根神经。

工程材料专业出身的高婉琴,在海外一直从事环境规划等环保相关的工作,职业习惯促使他时刻关注着环保行业最新动态。从 2008 年北京奥运会圆满成功后,高婉琴发现国人的消费意识、消费观念悄然发生改变,购买力也在逐渐增强,海外代购、远赴海外扫货的人越来越多,对高品质、高颜值日常消费品的需求量越来越大。这更加坚定了她回国创业的决心,她说:"我是带着梦想、带着自己的事业回来的,只希望通过自己的努力能为国家环保事业做一些力所能及的事情,生产出高品质、高颜值的日常生活用品，在日用品行业打造出国内知名品牌，生产出更多健康环保的好产品，在环保行业起到带头或者抛砖引玉的作用。"

在学习研究过程中，她敏锐注意到日常消费品市场上轻便环保型的产品，很受广大消费者的青睐，而这种类型的产品大多是生物可降解性材料制作而成。在生物可降解材料中，源于草木的聚乳酸材料是目前最尖端最前沿的技术，高婉琴的目光不觉投向了聚乳酸上，她决定要在聚乳酸材料项目上大做文章。她说："要让国内、家乡的孩子，从小生活在一个美丽的世界里，享用高颜值、高品质的产品，而这些产品不是依赖进口和代购，而是我们自己设计、自己生产的国内品牌。"

坚守，为了还天空一片蔚蓝

人到中年的高婉琴放弃海外高薪工作和安逸的生活回国创业，先后选择了"垃圾处理""小水流发电项目""一次性餐盒"三个环保项目，进行试探性研究开发，因种种原因最终没有继续进行下去。三个项目的失败，让创业心切的高婉琴一时陷入困境。这时的她回想起2010年陪公司高层一起去山东寿光考察的经历，慢慢地把目标转向了环保型材料——聚乳酸。

聚乳酸简称PLA，是由生物发酵生产的乳酸，经人工化学合成而得到的热塑性聚乳酸，具有良好的生物相容性和生物可降解性。它的原料来自于玉米、甘蔗、木薯等植物性原料，产品使用后被自然界的微生物在特定条件下完成降解，最终成为二氧化碳和水，完全被自然环境吸收，是生产环保型日常生活用品的最佳材料。

高婉琴雷厉风行的性格，善作善为的精神，在聚乳酸项目上发挥得淋漓尽致，用了短短一年的时间，完成了公司注册、土地批复、建厂投产、招商引资、汇聚人才的全部工作，就这样，江西禾尔斯环保科技有限公司在高婉琴的家乡萍乡落地生根。天时地利人和，高婉琴撸起袖子，准备在这片故土上干出一番事业。

公司成立后，把生产聚乳酸原材料作为主要的工作方向，在高婉琴心里，把企业做大做强不是主要目的，生产出更多的聚乳酸原材料，让更多的生产企业制造出更多的安全无毒、绿色环保、高品质、高颜值的聚乳酸材质的日常生活用品，提高国民的生活品质，留得住青山绿水，打造出属于我国自己的知名品牌，才是她的根本目标。

　　"禾尔斯公司成立五年来，困难重重，每走一步都如履薄冰。"高婉琴如是说。禾尔斯成立初，成功并没有向高婉琴招手，正当生产如火如荼地进行时，一场突如其来的变故让她陷入窘境，订购禾尔斯出品原材料的下游产品生产厂家，都是传统的塑料制品企业，他们依旧采用传统工艺生产聚乳酸产品，传统工艺在新材料面前失效了，同时怀疑禾尔斯公司生产的聚乳酸材料有问题。禾尔斯公司生产的聚乳酸产品陷入销售困境，几个投资商也按捺不住了，"产品卖不动，我们的投资会不会打水漂？"他们纷纷前来找到高婉琴提出了撤资的请求。这对高婉琴无疑是雪上加霜，卖出去的产品拿不到钱，投资方又要求撤资，面临资金紧缺甚至枯竭的状况，公司出现了严重的经济危机，命悬一线。

　　在资金紧缺甚至枯竭的生死存亡关头，自信坚强的高婉琴没有自乱阵脚，她四处筹钱，把自己的房子拿出去做抵押贷款，甚至有过去民间借贷渡过难关的念头。在萍乡开发区政府的援助下，禾尔斯顺利申请到科技型中小企业技术创新基金，公司慢慢缓了过来。国家科技部门的认可让情绪低落状态下的高婉琴重新振作起来，加上自己对聚乳酸材料的信心，她决定放手一搏，从原材料生产直接切入到产品生产。

　　不料，这次跳跃式的发展未能照亮禾尔斯前进的路，更大的困难横亘在高婉琴眼前。

　　"在这次博弈中我输了，我可以提升产品的质量，提高产品的颜值，却很难打破国人固有的生活习惯，改变其生活理念，这是我万万没有想到的。"在采访时高婉琴语气凝重道出了心中的无奈。

　　比如说聚乳酸材料的耐温性在摄氏55度以下，这对于爱喝开水的人是无法接受的。其实这个问题也很好处理，只要在聚乳酸中加入大量的无机材料就能提高产品的耐温性，这对视产品信誉如生命的高婉琴来说是万万不能的，因为加入无机材料会直接破坏产品的纯天然性。

　　"泰山崩于前而色不变，麋鹿兴于左而目不瞬"高婉琴从未有过的沉着冷静，他马上组织团队开始技术攻关，彻夜学习研究反复实验，摄氏100度的开水终于成功倒入聚乳酸材料容器中，那一刻高婉琴哭了。

　　这项技术难题的攻克，意味着禾尔斯已经掌握了核心技术成为国内把聚乳酸材料耐高温问题进行课题化研究并规模化生产的领先企业。

　　如今禾尔斯的产品线越来越丰富，聚乳酸产品经过禾尔斯的千锤百炼后，生产出来的产品要比特百惠产品、乐扣乐扣产品更健康、更环保、更耐用。高婉琴松了口气,终于做到了无愧于心。

风雨过后的彩虹把高婉琴的禾尔斯公司映衬得更加美丽。

"源于本草回归自然的聚乳酸系列产品终于可以放心推向市场,大家一致认为生物降解材料蕴含着巨大的国际市场,那么我们要打开市场的大门,用我们的智慧和技术,赢得市场,赢得信任,树立口碑。"高婉琴的坚定让我们看到了禾尔斯的未来。

等待,为了环保事业的春天

"高处不胜寒,我们禾尔斯站的高度与同行企业不一样,别人不理解我们也在情理之中,我付出的一切努力只是为了让我们的下一代用上安全环保的健康产品。"说这句话时的高婉琴显得格外放松,不禁笑了起来。为了这"轻松一笑"高婉琴付出了太多太多,家人的不理解、朋友的相劝、同行的不认可、客户的误解……

"不敢回家。"高婉琴用四个字道出了创业以来的内心真实感受。

当初高婉琴选择回国创业,她女儿就很不理解,放弃海外的高薪工作选择创业实在让人不可思议,到现在依然不理解她,仍然劝高婉琴停下来回去陪她。年事已高的母亲更加不理解说:"不愁吃,不愁穿,快到退休的年龄了,放着安逸的生活不好好享受,为什么要去找苦受?"事业受挫折的时候高婉琴自己也会思考这个问题,这么做到底为了什么,值不值得? 内心强韧执着一心扑到事业上的高婉琴总是说:"距离成功仅差一步,只要再努力一点点,我的事业就可能成功,我们现在精力充沛,这个年龄就停下来什么都不做,等待着退休简直是一种浪费,是一件不可思议的事情。"

同学朋友不清楚高婉琴在搞什么说她爱出风头;同行嘲笑她不自量力;客户说她是骗子;员工坚持不下去纷纷离去……来自四面八方的无形压力迎面扑来,企图浇灭高婉琴心中理想的火苗,终究是徒劳无功,失望而返。

高婉琴用实际行动一一回应,当同学朋友不理解她时,高婉琴就会耐心地给他们说明自己的创业理念,讲解自己的产品,分析其市场前景;当同行嘲笑她时,她用一个个技术攻关项目积极应对;当客户说她是骗子时,她用高质量、高颜值的产品证明自己。付出终有回报,禾尔斯公司生产的产品的逐渐被人们接受,认可度越来越高,更加坚定了高婉琴的信心。

当我们进行到"忆艰难往事"环节时,高婉琴抑制不住内心的伤感,激动地说:"艰难往事太多了。"她给我们讲述了一件痛彻心扉的往事。

市场营销部是禾尔斯公司的短板,业务人员流动性大,经常"人来人往",有一次业务人员几乎走光了,这对于任何一家公司任何一家企业来说都是最可怕的事情,这无疑是在逼迫高婉琴的公司倒闭,让她的梦想破灭。那天晚上,高婉琴和禾尔斯公司副总经理站在空旷的生产场区,远望着来来往往的车辆,高婉琴陷入迷茫,一语不发,精神几近崩溃。副总经理不知道如何安慰此时的高婉琴,坚定地说了一句话:"高总,请放心,即使业务人员走光了,我一个人也会把整个公司撑起来。"高婉琴朝着公司副总经理微微一笑,她心里明白自己意志消沉一蹶不振的严重后果,必须振作起来,不能放弃坚守多年的事业。

"年年岁岁花相似,岁岁年年人不同。"如今的禾尔斯公司业务范围逐渐扩大,越来越多的人加入禾尔斯的队伍,这一切源于禾尔斯精神:"忠于自然、还原生态、呵护环境、绿色健康。"

2016年11月29日,国务院印发"十三五国家战略性新兴产业发展规划"明确提出,加快生物产业创新发展步伐,培育生物经济新动力,到2020年生物产业规模达8亿到10亿元,形成一批具有较强国际竞争力的新型生物技术企业和生物经济集群,将生物经济加速打造为继信息经济后的重要新经济形态。这为我国培育发展生物产业,提出了新的,更高的奋斗目标。

"路漫漫其修远兮,吾将上下而求索。"禾尔斯公司作为生物产业在江西省的排头兵将在这条路上一往无前,永不停息,永无止境。 (刘 欣)

"渠星"的灼灼其华

——访江苏省农垦米业淮海有限公司总经理姜国平

素有"江苏农垦的摇篮"之称的江苏国营淮海农场升起了一颗璀璨的明星——"渠星牌"大米,它使曾有"米粮仓"美誉的老农垦重新焕发了青春,成为科技时代的新宠儿。

这一切都要归功于兢兢业业、多年如一日默默耕耘的江苏省农垦米业集团淮海有限公司总经理姜国平。

风雨同舟闯天下

时代的浪潮跌宕起伏,对于企业来说,更不能脱离时代的轨迹。20世纪60年代成立的淮海粮棉油加工厂,在经历了30年的风吹浪打之后,不得不面对企业转型——计划经济转向市场经济,这无疑对企业是一个沉重的打击,包揽农场粮棉油购销大权的淮海粮棉油加工厂面临着前所未有的严峻考验。

在七八年的时间里,加工厂风云变幻,先后换了四任厂长,都没有改变加工厂的命运,留下了一个"烂摊子"。工厂入不敷出,员工面临着下岗,眼看在市场经济大潮的冲击下到了破产边缘。直到2001年初,具有丰富基层工作经验的姜国平上任后,才让淮海粮棉油加工厂"变了天"。

姜国平是江苏淮海农场老军垦的后代。1977年高中毕业以后,他当过农场职工,在机耕队干过驾驶员,担任过农机站长,勤奋好学的他工作学习两不误,十年间,他顺利完成南京农业大学农业工程学院(农机化大专班)和中共江苏省委党校(经济管理)学业,获得大专学历。

姜国平业余时间爱钻研农机方面的知识,经常小改小革,并且屡见成效,一来二去,成为农场小有名气的全才。他工作谨慎、踏实努力,先后担任过四分场场长、石油机械厂厂长等职位。

对这突如其来的重担,姜国平一时间不知所措,当他到实地考察一番,看到日渐荒芜的工厂,很难想象它以前是行业的龙头企业。想到这里,姜国平的内心泛着涟漪,他发现身上的担子不知不觉加重了许多。

2001年初,江苏省农垦米业淮海有限公司成立,以崭新的面貌重新示人,这也预示着姜国平要在这里干一番大事业。

俗话说"巧妇难为无米之炊",搁置多年的淮海粮棉油加工厂早已失去昔日的荣光,留给姜国平有用的东西寥寥无几。他看着眼前的设备陷入了沉思。

他开始深入研究、反复琢磨,为了公司的成长和发展,他请回了一些还愿意回到厂里的老员工,共谋发展。为了便于管理,他制定了公司管理制度,把全体员工分成不同小组,对公司各组员工进行定期或不定期巡视检查,发现问题由该小组组长说明缘由并根据具体情况进行处罚,以达到消除隐患、安全生产的目的。

姜国平从来是对事不对人,他认为处罚是爱,是在为公司培养高素质人才。那些被他处罚过的人,没有一个人有过怨言。通过这样的方式,大大增加了公司员工的凝聚力。

脚踏实地写辉煌

公司渐渐地走向正规,在行业中也慢慢有了名气。这时候姜国平发现了一个很奇怪的问题,偌大的公司竟然没有一个老客户,他恍然大悟,这才是这么多年来公司一直没有打响品牌的根本原因。

找到了这个影响公司发展的主要原因,接下来姜国平开始着力打造品牌。

机遇总是垂青有准备之人。姜国平把品质作为进入市场的切入点,保证粮食质量和优质稻的种植面积,可以最大限度地把收购的粮食纳入"囊"中。粮食从种植到收割的整个过程,每一个环节姜国平都严格把关,并且积极宣传和推介"低碳安全用药法"。从一粒稻进厂到加工后的大米出门,全程经过30多道质量关。功夫不负有心人,姜国平终于打造出"渠星"牌大米。公司经过这几年的质量升级,取得了ISO9001、ISO14001、ISO22000等质量管理、环境管理和食品安全管理体系认证,而姜国平尽职尽责、兢兢业业的工作态度,也获得了江苏农垦首届十位"人才突出贡献奖"的荣誉称号。

从此之后，公司实现了"小作坊"到"大新靓"的华丽转身。

新推出的"渠星"牌大米"浓香馥郁、绵软柔和、色味俱佳、回味悠长"的独特风格，赢得了各方消费者的信赖。"渠星"牌大米先后斩获"中国十大金奖大米"、中国优质稻米博览会优质产品、中国粮食行业协会"放心米"等荣誉，2017年6月，江苏省农垦米业淮海有限公司被确立为国家级农业产业化重点龙头企业。

这一切，姜国平实至名归。

当姜国平被问到为什么要这么拼的时候，他语重心长地说："因为有一份农垦情，一份责任在。领导既然把重担放到我的肩上，我就应该要对得起这份信任和肩上承担的责任。"他的话语朴实，字字铿锵。

姜国平是个工作狂，做事谨慎认真，创立江苏省农垦米业淮海有限公司后，所有的事情都是亲力亲为，坚持大事讲原则、小事讲风格，还创新了一种管理方法，以"5+2工作法""快乐工作法"，与公司干部和员工情感融合、紧密配合、愉快共事，营造了和谐、宽松的良好工作氛围。

再是铁打的身体，也有受不了的一天。2015年，姜国平超负荷工作，终于疲惫地倒在了工作岗位上，经医院诊治，他头部痉挛，轻度瘫痪，医生建议静养，可公司一大堆事情离了他怎么能行呢？他依然一如既往地工作，而且，他每天在夫人的陪同下，坚持速跑6公里。"公司刚刚发展起来，如果我哪天万一真的病倒了，公司可怎么往前发展啊！"姜国平如是说。

姜国平的身体还未完全康复，又投身于企业发展的"革命道路"中去了。为了打响"渠星"大米的品牌，他绞尽脑汁，一步一步打开"渠星"大米的销路，"皇天不负有心人"，最终成就了他从"米在家"到"米老大"又到"大米王"的事业。

成功后的姜国平说："不是销路越多越挣钱，而是质量越好越挣钱。"

勇往直前求创新

姜国平不仅是位实干家，也是位智勇双全的谋略家，敢闯、敢想、敢做的性格才让他走到今天。

如今取得的成就绝非偶然，它里面渗透着姜国平的血汗，"做农产品深加工，必须要做出特色，始终围绕着消费者的需求进行技术创新，这样企业才能走得远。"姜国平对笔者这样说道,可见,姜国平对接下来企业的发展规划已了然于胸。

打造的"渠星"大米品牌已经获得广大消费者的认可,对于姜国平来说,这是远远不够的。有着长远眼光的他为了要站稳新兴市场,带领销售人员坚持"走出去",深入研究市场需求和信息反馈之后,姜国平决定要进行一次创新。

企业的发展离不开创新,创新带动企业的发展,两者相辅相成、缺一不可。

他推出了一种健康新食品"富硒锌营养米",这种营养米是利用现代生物技术,选用农场优良品种武育粳3号为生产原料,严格土壤环境检测,高标准喷施硒锌营养素。在生产全程实施严格的无公害生产技术管理方法,在农作物生长的特定阶段,协助水稻对硒、锌的吸收。这种方法简便易行,又经济有效,安全无污染。

在2008年1月份上旬生产的60多吨富硒锌营养米,才仅仅三天的时间,就已经被闻讯赶来的客户订购一空,看情形,这是远远满足不了客户的需求的。2009年,姜国平在2008年的基础上增加种植了1210多亩富硒锌水稻,以满足广大消费者的需求。

一种新产品的成功问世,必定会带动更多产品的产生。姜国平很快又推出了原生态"蟹池稻"大米和符合上海人称谓习惯的"侬开心"优质米等系列产品。此外,还衍生出了"渠星"大米的子品牌,有"淮海"大米、网购较喜爱的"伴手米"、"糯米"等。

回想姜国平刚接手企业的时候,它还是市场上无品牌、无市场、无客户的"三无"企业,时间转瞬即逝,几年过去了,现在的企业已然成为农产品行业的标杆。

"宝剑锋从磨砺出,梅花香自苦寒来",世界上没有一蹴而就的成功。姜国平勇挑重担,不畏艰难险阻,一步一个脚印地把公司发扬光大,带领员工脱贫致富,他用行动践行着龙头企业的责任和担当。

(刘　欣)

瑞莲绽放艳阳天

——访山东派力迪环保工程有限公司董事长李瑞莲

　　这是奇迹,一道电光闪过之后,就能将工业有机排出的恶臭异味废气去除,空气立即清新;这是奇迹,仅用1℃～3℃电就可以处理1000立方米的空气异味,既节能又环保,且无二次污染。这世上绝无仅有的事,就发生在山东省淄博市的派力迪环保工程有限公司。

　　这道闪电的技术叫介质阻挡放电低温等离子,也叫"DDBD"废气处理技术。九年来,公司董事长李瑞莲带领她的派力迪团队,用奇妙电光(DDBD技术)为160多个企业除去了恶臭异味废气,获50多个专利,服务足迹遍布全国。

　　数字的背后,凝结着李瑞莲一路走来的辛勤与汗水。

　　朋友,让我们一起走近李瑞莲,看看她在这场绿色技术的变革中,一路走过的创业轨迹吧。

结缘环保

　　李瑞莲是幸运的,1983年7月,她大学一毕业便被分配到中石化第十建设公司的职工医院当了一名护士,每天穿着白大褂进出病房,护理病人,救死扶伤。李瑞莲很爱这份工作,早出晚归,认真负责,常受到院领导和同事们的赞扬。然而,企业的职工医院,病号不多,护士有大量业余时间。善学习、爱劳动、性格热忱的她闲不住,除了认真学习,做好本职工作外,还学中医,学裁剪,常给同事家的小孩做衣服、打帽子。她能根据画报的图片,把衣服给做出来。她说自己是属于那种爱学习、能折腾、闲不住的人。

　　李瑞莲的思想非常活跃,她在医院做护士的时候,就已经有了自己的兼职:往超市送雅士利、东阿阿胶等货物,做快速消费品代理商。当周围人还领着每月1000多元工资的时候,她已经挣了180万元。2001年,正当李瑞莲的事业顺风顺水的时候,中石化一项"买断"工龄的减员政策,使做了18年护士的她毅然选择了辞职。

李瑞莲辞职后，依然做她的快速消费品的代理商。因是专职，很快就显现出在销售方面的过人之处。就在所有人都认为她会继续大展身手时，一次活动偶遇复旦大学技术人员。在与他们的交流中，李瑞莲接触到 DBD 技术。深入了解后她大吃一惊：一道闪电就能将恶臭的废气清除。她直呼："真是太神奇了。"

做过 18 年护士的她，深深地被这道"神奇的光"吸引了，立刻意识到这项技术能从根本上解决低浓度工业废气污染的问题，于民于国都有利。于是，她毫不犹豫地购买了该技术，向工商部门申请了执照，招聘了技术人员，于 2008 年 3 月成立了山东派力迪环保工程有限公司，她任董事长，正式将 DBD 技术引入齐鲁大地。

项目启动后，李瑞莲带领她的 56 名研发人员，投入了大量资金、精力，不分昼夜投入到设备研发和工程实验中。8 个月后，她们终于等到 DBD 矩阵式第三代世界首套产品的诞生，新工艺被命名为"双介质阻挡放电"，简称"DDBD"，他们申请了发明专利，成为世界在 VOC 废气治理领域的首创。

为什么舍弃赚钱的销售而改行做污水、废气处理？李瑞莲对笔者说："每次经过污水池的时候，那难闻的恶臭，就会让人觉得胃疼。化工厂、食品厂排出的废气令人头晕；沙尘暴、雾霾不时来袭时，更加不爽。"18 年从医的李瑞莲，对污染物对人体危害的了解颇为深刻。因为从医，她理解健康的可贵，也深知污染对人体的危害。"人活一辈子，就要做些有价值的事情，就要对社会有所贡献。"李瑞莲感慨万端。

从事环保事业，让李瑞莲梦想照进现实。她由一个护士转变为一个环保公司的董事长，从一个为人治病的"护士"转变为一个专注于 13 亿人健康的"大夫"，她性格中的雷厉风行正好与她研究的等离子闪电理论不谋而合。

因此，她要沿着这条路走下去。

牛刀初试

介质阻挡放电低温等离子——DBD 的废气处理技术，是上海复旦大学 1994年实验成功的，最初用于氟利昂类(Freon)、哈隆类(Halong)物质的分解处理，是国家为了研究保护地球臭氧层而设立的科研项目。和李瑞莲的派力迪合作后，便拓宽延伸至工业恶臭、异味、有毒有害气体处理。简单地说，它是利用天气闪电的原理，一道光闪过后,就可以将空气变得清新。

当然,吸引李瑞莲的不仅是这神奇般的运作原理,还有它节能高效的考量。设备在运转时,仅用1℃～3℃电就可以处理1000立方米的空气异味,既节能又环保,并且是世界首创。

李瑞莲的派力迪环保工程有限公司有了这个利器后,选择了中石化齐鲁石化腈纶厂进行合作。这是一家知名的大型化工企业,在生产过程中产生的二甲胺等恶臭气体,严重影响着周围的空气质量和群众生活。该企业也曾尝试过活性炭、液体吸收等多种传统方法解决空气异味的问题、但因成本高、处理效率有限,均不能有效解决问题。又因该类废气具有明显的鱼腥味,在环境中性质稳定,难以降解。厂区位于济青高速旁边,居民较多,导致异味投诉率居高不下。

为此,该厂请来了韩国和北京两家异味治理公司,派力迪也自告奋勇加入进来。李瑞莲对技术相当有信心,她对腈纶厂负责人说:"为了公平竞争,每家公司负责一条生产线,如果异味处理效果好,就签合同。若不好,免收一切费用。"

腈纶厂负责人痛快地答应了,而其他两家公司由于不敢打保票,竞争还没开始就退出了。

就这样,李瑞莲签到了第一笔单子。她们将异味处理设备安装在工厂内,一开始部件损坏率很高,技术人员24小时值班,坏了就换,反复改,反复调,一直攻克不下。直到2009年10月,派力迪公司人员通过设备升级、改进核心参数等方式,终于把腈纶厂的异味彻底解决了。二甲胺去除率达99.6%以上,烟囱尾气臭气浓度小于1000(国家标准2000以上),厂界臭气浓度小于5,总体治理效果优于国家污染物排放标准值,周边环境得到了极大的改善。

工程竣工后,2010年3月,被山东省环境保护厅评为"山东省环境保护示范工程",同年12月被中国环境保护产业协会授予"2010年国家重点环境保护实用技术示范工程"。

初战告捷,使李瑞莲对DBD废气处理技术更充满了信心。

大展宏图

创业的步伐,在告捷声中骤然加快。

齐鲁石化腈纶厂工程的顺利完成,让派力迪在环保业界声名鹊起,请求合作的信函、电话纷至沓来。此后,李瑞莲不断向其他异味处理应用领域拓展,开发出了10余种废气治理新工艺,并广泛应用于石油、化工、制药、造纸、制革、橡胶等领域,又先后完成了山东新华制药厂、浙江禾欣皮革厂、江苏蓝丰生物化工厂、上海中石化物流公司、青岛双星橡胶厂、帝斯曼中国生物公司、梅花味精集团等160余项废气治理工程,其治理范围几乎涵盖所有工业企业及污染源,企业也由此步入了发展快车道。

山东新华医用环保设备有限公司,主要产品"医疗蒸煮设备",占据国内市场半壁江山,对医疗废物杀菌灭活效果显著。然而,随着各地环保治理力度的加大,医废处理中的异味扰民问题也突出起来。派力迪用低温等离子体技术对他们的异味进行处理,其效果通过了中国节能环保集团技术专家认可。

山东义升环保设备有限公司也通过与派力迪的合作,将低温等离子脱硫脱硝技术嫁接到自己企业的煤气发生炉生产上,极大地提升了他们产品的市场竞争力,市场占有率提高30%左右。派力迪彻底实现了"DDBD"工业化应用,在行业内开创了"低温等离子体技术"治理工业废气的先河。

九年多来,他们边应用边研发,经过20多次大的调整,387个部位优化设计,100多个废气处理工程的实验性研究,使产品具有了节能、设备使用寿命长、电子密度大、工艺简洁、适应工况范围宽的优点。单台处理风量从当初的每小时5000立方米提高到10万立方米,初次工程投资成本降低80%,运行成本降低65%,突破了世界范围内低温等离子体设备不能处理较大风量废气的问题,共完成废气治理工程103项,生产标准工业废气治理设备16个系列,150个品种,申请了国家专利53项。

2013年有两项发明达到国内领先水平并载入史册:

——泡沫捕捉塔废气颗粒物处理系统:配套于中科院上海应用物理研究所的TMSR(钍基熔盐核能系统)飞星涉铍实验室项目,用于含铍细颗粒物(0.01~1μm)废气处理,净化效率达99.9%,现已完全配套四套核能试验系统的10000m3/h以上气量的尾气处理。

——高效水膜分离器发明专利技术:该技术以水为液相,采用撞击流、泡膜捕捉的复合型原理,并综合拦截、扩散、冷凝等除尘原理,对废气进行除尘、除水、除油的净化处理。

在派力迪,有一个组织叫"星期天工程师",成员是来自环保领域的化学专家。他们每个星期天聚到派力迪,或者给派力迪员工讲课,或者互相探讨环保领域的新技术。当派力迪遇到疑难工程时,他们会集思广益,为问题的解决献策献力,派力迪9年的废气成功处理他们功不可没。

技术人员和员工的辛勤工作让派力迪的掌门人李瑞莲感动:2017年3月25日,正在工地做实验的于鹏不小心刮破了手指,忙于工作,他无暇顾及伤情。几天之后,手指肿胀、生疼,最后疼到忍无可忍的地步,去医院检查,医生把手指割开,把脓包清洗,又上药包扎好,特意嘱咐他:按时敷药,注意休息,免得再次感染。离开医院后,于鹏悄悄藏起了病历,继续工作。他包着手指一如既往地驾车到实验基地取样、做实验。部门领导劝他休息几天,他轻描淡写地说:"没事,工作要紧。"

这些事例的背后,反映出李瑞莲及派力迪公司的向心力和凝聚力。

九年来,派力迪公司一路走来,一路艰辛,一路辉煌:他们获得多项省级科技进步奖励;并承担国家火炬计划和重点新产品计划项目。2013年9月,公司的"PLD-DDBD双介质阻挡放电低温等离子工业废气处理装置"获由国家科学技术部、国家环保部、国家商务部、国家质量监督检验检疫总局联合颁发的"国家重点新产品"证书。2016年获"2015年中国水业市政环境领域臭气处理年度标杆"称号。同年,他们的"DDBD"低温等离子体工业废气处理系统获"2016绿色设计国际大奖银奖"等荣誉称号。公司荣获山东省环保产业骨干企业、中国专利山东省明星企业、淄博市创新型高成长企业50强。成为中国环保产业协会废气净化委员会副会长单位、中国环境科学学会常务理事单位、全国恶臭污染控制产业技术创新战略联盟主要发起人。李瑞莲也荣膺"淄博市十大民企领军人物""山东省环保产业优秀企业家"等称号。这些荣誉颁发给派力迪公司及李瑞莲本人,实至名归。

研发不止

如今,李瑞莲的派力迪公司已今非昔比:公司拥有注册资金5000万元,拥有环境工程设计乙级资质(废水、废气),环境保护设施运营和建筑工程承包资质等多项资质和完善的认证体系。拥有国内知名专家侯惠奇教授为主任,教授三名、副教授五名、教授级高工三名、博士六名、硕士若干名的国家部级工程研究中心,并与中国科学院高能物理研究所、清华大学、山东大学、哈尔滨工业大学等国内多个科研机构建立了合作关系，是国内唯一同时建立环保院士工作站、山东省等离子体废气处理研发中心、环保工程研发中心的环保企业。他们的设备从中石化齐鲁分公司腈纶厂二甲胺废气处理第一台（套）设备的成功应用，到现在几百台（套）设备长期稳定地运行，已发展到第四代，无论是外观还是核心技术，都有了很大的改观。

当问到近三五年来她们有什么设想时，李瑞莲说："如今是创新的时代，我们也要继续创新。"公司将继续坚持"上善若水，止于至善"的企业经营理念，以强烈的社会责任感，拓展配套技术设备研发，使产品多样化。不仅能用在工业上，还可以往民用化方向发展，例如小区垃圾中转站异味处理、办公室异味处理等，使城市垃圾综合处理及餐厨垃圾处理过程产生的恶臭异味得到彻底解决。

合作共赢，一直是李瑞莲废水、废气处理的指导思想。她希望与更多的环保企业合作，与更多的专家学者合作，共同努力，取长补短，共同解决我国的废气、废水污染问题。淄博市实施的"铸链工程"及建设产业创新战略联盟，派力迪成为理事长单位。2014年4月，公司联合国家环境保护恶臭污染控制重点实验室发起成立恶臭污染控制产业技术创新战略联盟。同年11月，公司协办的挥发性有机污染物（VOCs）减排与控制技术创新联盟2014年度工作会议在淄博召开。李瑞莲表示：一定担负起全市环保及装备产业发展的重任，同盟内18家企业一起，联手处理全市的污水、废气，给市民以碧水蓝天。同国内同行一道共同为废气、废水的处理，环境的保护出力献策。

时代总在向前发展，太阳每天都是新的。认真负责的李瑞莲等派力迪人，始终没有停止探索的脚步。相信她们今后的步履将更扎实，事业会更辉煌。自然界的生物在"地球村"和谐共处，人类在发展中带来的各种污染，也将由人类自己解决。李瑞莲将带领派力迪人营造更广阔的碧水蓝天，立足山东，着眼全国，走向世界。

她们的前面一定是更美丽的风景：艳阳高照，水碧天蓝。　　　　（刘　欣）

"藕"然邂逅 执着一生

——访四川省巴中市恩阳区现代农业有限公司董事长刘智勇

他是生在新中国、长在红旗下的一代人,青春年少时家境贫困,心中时刻都萦绕着一个脱贫致富的梦。也曾种地务农,也曾参军入伍,做过建筑公司总经理,担任过巴中市平昌县人民政府驻京办主任等身份不断转变,不变的是执着和奉献。

创业路上,他将自己归零。他用勤奋和智慧把莲藕种植当成了当地农民脱贫致富的敲门砖,他把一个杂草丛生的贫困村创建成了一个、绿色生态的农业产业示范园。他就是巴中市恩阳区现代农业有限公司引领者刘智勇。

"为什么我的眼里常含泪水?因为我对这土地爱得深沉。"这是著名诗人艾青的诗,这也是刘智勇喜欢的诗。

自幼在农村长大的刘智勇对农村、对土地有一种特殊的情感归宿。他深知"汗滴禾下土"的艰辛与劳苦,也知道"粒粒皆辛苦"的来之不易。如何能够让老百姓的认可和融入这个农业的大家庭里,他先做给农民看、带着农民干再帮助农民赚的经营理念扎根于农村开花结果.

近年来,随着城市化进程的推进,越来越多的年轻人离开家乡进城务工。农村大量土地或闲置或被占用,或草草耕作靠天吃饭。刘智勇看在眼里急在心上。

"单靠种粮卖粮这种传统的耕作方式,农民开小车、住洋房的致富梦想很难实现,应该考虑将农业和第二产业、第三产业融合发展。对上符合国家政策,下能带动扶贫脱困.将农产品进行深加工和发展乡村旅游是未来三农的发展方向。但不管怎样做,没有吃苦和专注的精神,没有踏踏实实做农业的决心,抱着赚一笔钱就跑的想法肯定是做不好的。"刘智勇如是说。

农民心 莲藕路

2014 年,刘智勇回到农村,成立了巴中市恩阳区现代农业有限公司。在此之前,他对巴中市恩阳区的环境、水质等进行了调研,经过深思熟虑后的刘智勇意识到:建设莲藕种植基地,打造农业产业观光体验园区是一个绝佳的选择。

刘智勇告诉我们,莲藕的附加值很高,在深加工过程中,基本无浪费。事实上,在传统中医看来,藕一身都是宝,根、叶、花都可入药。且荷叶、藕节、莲子、莲心、莲房、荷梗、荷蒂、莲须皆有不同功效。

李时珍就曾在《本草纲目》中这样赞莲藕:"夫藕生于卑污,而洁白自若。质柔而穿坚,居下而有节。孔窍玲珑,丝纶内隐。生于嫩而发为茎、叶、花、实,又复生芽,以续生生之脉。四时可食,令人心欢,可谓灵根矣。"可见其价值之高。

刘智勇笑着对我们说:"现代农业是以市场需求为导向的,农民从事农业生产的主要目的是为市场提供商品,实现利润最大化。在农业现代化水平较高的国家,农产品商品率一般都在90%以上,有的产业商品率可达到100%,莲藕基本可以达到这一要求。我们公司种植的莲藕主要用于生产饮料、藕粉、粉丝、粉条、莲藕面条等健康食品。"

为了更好地发挥莲藕的营养价值,体现它的食疗作用,巴中市恩阳区现代农业有限公司与四川大学食品工程研究院合作,研发了一种莲藕汁清爽型饮料,刘智勇给它取名为"万莲宝"。

2015年,刘智勇在巴中市恩阳区工商局登记成立了四川万莲宝食品饮料有限公司,修建了年产80万吨莲藕饮料生产线,专门从事万莲宝的生产。

"随着高收入人群生活方式的改变,人们更加关注健康。万莲宝作为一种天然新型健康饮料,越来越被消费者所接受。万莲宝具有清热润肺,补充维生素、钙铁质,通便止泻、健脾开胃等功效,可谓人体器官的清洁剂。"

提到产品的安全问题,刘智勇非常有信心。"我们公司生产的万莲宝是莲藕原汁经特殊工艺加工的,没有添加任何香精和色素,也没有加入白砂糖,糖尿病患者也可以安心饮用。这样原生态、健康、安全的莲藕汁类饮品目前在市场上几乎是没有的,所以万莲宝具有广阔的发展前景。"

公司莲藕种植基地的建设,实现了从零散种植到规模生产的华丽转身。除此之外,公司还充分发挥环境优势大力发展水产养殖、禽畜牧业养殖。各种鱼类年产量达到30万~50万斤,养殖鸡、鸭、鹅等禽类5万只,各类猪预计养殖1万头,种植各类果树1000亩。

农民心、莲藕路。尽管历经抵押房产、贷款经营等诸多困境,刘智勇却从未放弃过自己的理想。

谈到这些年遇到的困难，刘智勇感慨良多，"公司刚成立的时候，资金、设备、审批手续等各项问题都要解决，我就把爱人叫到农村来了，这一待就是好几年，她却从没跟我抱怨过。"刘智勇对我们说："有一年，由于项目投入过大，公司的资金周转不过来，整整4个月都没有钱给员工发工资。那时候公司有一个怀孕的女员工拿出她多年积攒的10万元钱帮公司渡过难关。她原本该回家休产假了，却还是想着公司，除了感谢，我真的不知该说什么好。我只有努力把企业做好、做大、做强，带动更多农民致富，才能回报那些曾经帮助过我的人。"

抓铁有痕，踏石留印。在刘智勇的不懈努力下，如今的巴中市恩阳区现代农业有限公司自主经营种植莲藕5万亩，并发展农户种植莲藕5万亩的战略布局正在扬帆启航。现在的刘智勇，与其说是企业老总，不如说是一位莲藕种植的土专家。

始于心 践于行

"我的梦想是创建一个示范园作样板，由此证明现代农业大有可为！"

农业与第二产业融合发展让刘智勇尝到了甜头，也让他萌发了通过带动第三产业与第一产业的联动，形成完整的生态体系的想法。他开始着手建设以恩阳区为主体的百里莲乡、万亩藕园的种植基地及农业产业观光体验的三农模式。

在刘智勇的规划下，巴中市恩阳区现代农业有限公司万亩莲藕农业产业观光体验园区内，配备了以莲藕为主题的养老公寓、儿童体验园、农产品展示厅、观赏湖、日照中心、露天泳池、培训中心、莲藕采摘园等生态休闲观光园项目。

2016年7月28日，由巴中市恩阳区现代农业有限公司主办的恩阳首届荷花旅游文化节在柳林镇罐子沟村拉开序幕。50000多名游客来到恩阳现代农业产业园区听荷风、赏荷韵、品藕宴、泛舟畅游。从此以后，每年的7月28日是恩阳的荷花节，恩阳现代农业产业园区就成了当地居民休闲娱乐的好去处。

趁着周末带儿子来园区体验采摘乐趣的陈先生告诉我们："平时生活在城市里，坐的多动的少，缺乏锻炼。听朋友说这里除了能采摘莲藕，还有儿童体验园、观赏湖等有趣的地方，我就带小家伙过来了。"

在刘智勇的带领下，如今的巴中市恩阳区现代农业有限公司已经成长为集种植、养殖基地，农产品深加工，养老、休闲、旅游等观光体验项目于一体的现代农业龙头企业,真正实现了刘智勇用知识和智慧改变传统农业经营模式,让荒废的田地焕发生机的梦想。

情系乡土 俯首躬行

东汉哲学家王充曾经说过:"德不优者,不能怀远;才不大者,不能博见。"不断追求卓越的刘智勇不仅能承受常人难以承受的压力,更有常人难以企及的毅力、经验和胆识。更重要的是,他具有强烈的社会责任感,不仅诚实守信,而且乐于奉献。他热爱土地,热爱农业,一直为改变家乡的面貌努力着。

《礼记》有云:君子贵人贱己,先人而后己。奋斗路上,刘智勇早已养成凡事先替他人着想的习惯,将助人为乐视为做人的本分。公司行政管理部的负责人告诉我们:近两年来,在董事长刘智勇的安排下,公司定期组织农民参观莲藕种植基地、养殖鱼类的水库;免费给周边农民做培训,和农民分享莲藕的科学种植方法,养殖各类禽畜的注意事项。以示范带动、专业培训、具体指导,带领周边地区农民脱贫致富,形成"企业 + 科研 + 基地 + 农户"的生产技术体系。

正在藕田忙活的柳林镇罐子沟村村民李大爷乐滋滋地告诉我们:"过去我自己种的藕产量低,自家吃不完的就拿到集上去卖赚点家用,不敢想靠莲藕能致富。现在和公司合作,采用新机具、新品种、新技术科学化生产管理,比过去省心多了,闲了还能在基地做工,收入是过去的好几倍!"

在巴中市恩阳区现代农业有限公司的带动下,四川省巴中市的农民在从业方式实现了职业化转变、农民生产方式实现产业化转变。从过去的零散种植、家庭养殖到如今的规模化生产,农民不仅省心省力,腰里的钱袋子也越来越鼓。

2014 年以来,巴中市恩阳区现代农业有限公司吸收农村剩余劳动力 200 多人,带动周围 6 个乡镇、15 个贫困村脱贫致富。在第十四届中国诚信企业家大会上,刘智勇被授予"2017 年中国商界诚信领袖"荣誉称号。

"我现在最希望的就是能有更多有知识、有想法、能吃苦的年轻人可以回到农村,建设新农业,争做新农民,将农村建设成一个更美好的家园。"刘智勇笑着对我们说。

一个多小时的采访很快就要结束了,刘智勇用一首打油诗结束了笔者的此次采访:"农村需要有人干,民众创新时不待。光复农业匹夫责,荣誉属于庄稼汉。"每句诗的第一个字相连,恰好是"农民光荣"。三年来,刘智勇用一双种过地的手,在巴中市恩阳区创建了一所高效、绿色的农业产业示范园。他用扎根土壤、脚踏实地的态度对待每一项工作,将发展现代农业作为毕生的事业。

斜阳中,刘智勇脚踏泥泞,步履坚定。他将心血融入土壤,洒下的汗水是奉献,埋下的种子叫理想。他用勤劳和智慧浇灌希望的幼苗,相信在不久的将来,他一定能收获最甜美的果实。 （刘 欣）

为中国制造代言

——访北京欧洛普过滤技术开发公司执行董事杨淼

1994 年,北京欧洛普过滤技术开发公司在仅有的两间地下室里成立;

1999 年,欧洛普通过英国 NQA 公司 ISO 9001 质量体系认证;

2001 年,欧洛普开始自主生产滤材,成功实现了 3 微米聚丙烯超长纤维滤材的中国制造,将国内聚丙烯超长纤维滤材的精度从 10 微米提高到了 3 微米,填补了国内高精度过滤材料的空白;

2007 年,欧洛普推出了冶金行业的流体污染处理的外包,最多的时候同时管理 5 条生产线;

2009 年,内蒙古北方重工的液压站在做系统冲洗的时候发现了一些问题,欧洛普用了一个月的时间把 12 个大过滤器一次改造成功。改造完以后,六年之内运行良好,其效果震惊德国合作方;

2017 年,由慧聪机械网主办的"智造未来·慧聪网 2016 年度机械行业品牌盛会"颁奖盛典于北京慧聪网总部隆重举行。欧洛普作为 100 家杰出企业之一,荣登机械行业年度荣誉殿堂。

从 1994 年到 2017 年,23 个年头,作为执行董事,杨淼见证了欧洛普公司的从零开始,也一步步陪伴着"自己的孩子"经历风风雨雨,看着它茁壮成长,看着它迎头赶上,看着它超越国际水平。

有人说,中国没有工匠精神,还有人说,"Made in China"就是粗制滥造、假冒伪劣,但杨淼用实际行动给了那些谬论最强有力的回击,她说:"外国人能做到的,我们中国人也能做到,而且可以做得比他们更好!"

她有一个工业兴国梦

"很小的时候,我就想做工业!"曾经的杨淼是一个对父亲充满崇拜的女儿,从父亲身上,她看到了中国工业兴国的未来,虽然那是一个并不光鲜亮丽的行业,却能真正实现民族复兴。

1993年,大学毕业后的杨淼成为一名广告经理,年薪5万元,这在当时算得上是一份相当高的收入。然而,根植在内心的理想却从未被高薪淡化,杨淼始终在等待最好的机会。一年后,由于合作不顺,父亲打算自己创业。父亲是极了解自己这个女儿的,"要不,我们一起干?"只是简单的一句话,杨淼便辞掉了很多人羡慕的工作,"最开始条件非常艰苦,公司就在地下室。"回忆往事,杨淼充满感慨。但那是一个好的开端,她知道,成功从来不是等来的,而是做出来的。

做工业,需要过硬的技术。和同龄人不同,杨淼的身上少了三分浮躁,多了七分坚韧,她将欧洛普的生产实践问题带到学习中,求知若渴地钻研过滤技术。2001年,杨淼的刻苦工作为欧洛普带来了喜人成果。在那一年,她成功实现了3微米聚丙烯超长纤维滤材的中国制造,将国内聚丙烯超长纤维滤材的精度从10微米提高到了3微米,填补了国内高精度过滤材料的空白。

2007年,润滑过滤市场不景气。为降低钢铁企业的运营成本,提升技术产业优势,杨淼发表了名为《非核心业务外包在钢铁行业的应用》的论文,提出流体污染控制专业外包的想法。当年9月,这个想法在唐钢二钢轧厂得以实现,次年又在唐山中厚板厂投入运行,从此,钢铁行业普遍开始外包。"我的目标不仅要为客户解决技术问题,还要从基础材料到系统解决方案等多方面为客户提供处理办法。"最多的时候,欧洛普可以同时管理5条生产线,专业方向上的全产业链发展模式让欧洛普得到了全行业的一直认同。

2009年,内蒙古北方重工的液压站在做系统冲洗的时候发现了一些问题。杨淼接到求助电话,立即组织了欧洛普的技术人员前往勘察,仔细研究了各项技术参数后得出结论:德制配套过滤器流量小,过滤面积不足,精度偏低,且内部结构不合理,初始阻力过大。"当时,外方修改过滤器需要4个月的时间,我们接手后,1个月就完成了。"经过安装调试,外方专家对欧洛普的工作大为赞叹,改造后的过滤器此后一直运行良好。

2009年,中国设备管理协会把流体污染控制技术中心设在了欧洛普,杨淼出任中心主任。之后的每一年,杨淼都要进行10场以上的义务演讲,把流体污染控制技术领域先进的设备管理理念和方法带到企业、班组、大学和研究院。

2010年6月,欧洛普作为中国设备管理协会流体污染控制技术中心依托单位与宝钢签订战略合作协议。2015年,流体污染控制技术中心又与广州学府、伯仕乐品牌联盟暨中设协液压自动化检测及维修技术中心展开深度合作，合力创建高端产品及服务的平台，以联盟的形式征战更广阔的市场。

一路走来，杨淼对于创业这条道路最深的感受就是两个字——艰辛，但同时，她也体会到了另外两个字对一个工业企业家的重要性，那就是——坚守。她说："坚守就是要不断地探索创新，在行业中越扎越深，做得好了，自然就会得到市场的认同。"

得益于对理想的坚守，杨淼和她的团队通过对设备润滑过滤系统全流程的精准把控，逐渐在业界赢得了信誉和口碑。欧洛普也先后通过了 ISO9000 标准体系认证、中国诚信企业信用认证，获得了国家高新技术企业等称号。

"我们不求把企业做大做全，只想在设备润滑及流体污染控制技术这一方面做深做透。"对于杨淼来说，尽管道路坎坷，但目标始终是明确的，无论多少年，无论什么时候，她都将坚定不移地在这条既定的道路上走下去。

管理管的就是欲望

"虽然我是学管理出生，但在管理这条道路上走了很多的弯路。"作为一名企业家，杨淼从来不避讳谈起自己曾经的失败。北京工业大学涉外企业管理专业、中国矿业大学北京研究生部就读机电专业在职研究生、清华大学 MBA 钢铁产业班……为了让欧洛普这个大集体能够更好地发挥作用，杨淼从来没有停止过在管理知识上对自己进行武装。然而，当她将书本上的知识照搬到实际工作中时，却发现根本行不通，"我们面对的人是各式各样的，有技术人员、基层工人、院士、博士等，每一种人都有自己的诉求，他们对工作的理解全都不一样。有的人追求自我价值的实现，有的人追求养家糊口填饱肚子，真正接触之后才发现，管理是一门很深的学问，对待不同的人应该采用不同的办法。"

杨淼的父亲出身于国企，他对于"管理"的理解就是温和柔顺。但激烈的市场竞争从来容不下"柔和"二字，万事好商量的结果就是万事没得商量，吸收了国内外顶尖管理知识的杨淼则主张严厉，"在这方面，我和父亲是分属两个派别，父亲是温和派，我是激进派。"但最终，杨淼发现，两种方法似乎都不大好使。"后来，我们引进了阿米巴管理模式。"阿米巴管理模式的名称来源于地球上最古老、最具生命力和延续性的生物体阿米巴虫,这种虫子最大的特性是能够随外界环境的变化而变化,不断地进行自我调整,以适应所面临的生存环境。而阿米巴管理模式指的则是以各个阿米巴的领导为核心,让其自行制定各自的计划,并依靠全体成员的智慧和努力来完成目标。通过这种管理方法,可以让第一线的每一位员工都能成为主角,主动参与经营,进而实现"全员参与经营"的目的。

作为国内最早推行阿米巴管理模式的企业,欧洛普在这方面的经验相当丰富,但实行的过程并不顺利,"水土不服"是杨淼遇到的第一个问题。公司从北京搬到怀来后,她的这种感觉尤其强烈,她说:"怀来这个地方的工业相当落后,大部分的人对职业素养、职业规划这些东西没有概念,他们都是过日子的人,想要的只是准时发工资,养家糊口继续生活。"

经过长时间的实践,杨淼明白,不管是照搬理论知识还是学习外国经验都是行不通的,任何一种理论运用到实践中时都必须根据实际情况进行不断地修正与创新。"管理管的就是欲望,作为管理者来说,必须要懂得不同人的不同欲望。"她参照了国内许多知名企业的管理经验,又分析欧洛普的具体情况,发现现阶段的中国企业大部分都处在摸索阶段,不同的行业、不同的员工组成结构决定了没有一种方法可以适用于所有企业。"现在我们采用的是一种更加温和的方式,专注于实际效果,将各方面的经验与实际相结合,该管的要管,但是要慢慢管,一点点的改变,然后不断完善。"一手小胡萝卜,一手小棍的方法在欧洛普慢慢落地生根。如今,这个集结了行业内众多顶级专家的企业已经逐渐形成了一套行之有效的越来越符合自身情况的管理模式。

企业家同样需要工匠精神

2016 年,李克强总理在政府工作报告中说:"要鼓励企业开展个性化定制、柔性化生产,培育精益求精的工匠精神。"

什么是"工匠精神"?

从字面上来讲,"工匠精神"指的就是工匠以极致的态度对自己的产品精雕细琢,精益求精、追求更完美的精神理念。历史上有名的工匠们都喜欢不断雕琢自己的产品,不断改善自己的工艺,并享受着产品在双手中升华的过程。

但其实,"工匠精神"所涵盖的追求卓越的创造精神、精益求精的品质精神、用户至上的服务精神,不仅适用于用双手创造物件的匠人,同样适用于企业家。

在杨淼看来,"工匠精神"四个字的重点不在"工匠"二字,而是它所代表的那种对极致的追求,在产品品质方面追求极致,在管理效率方面追求极致,在客户满意度方面同样追求极致。"现在社会上的人普遍心浮气躁,很多人只追求投资少、周期短、见效快的即时利益,完全忽略了产品的灵魂。其实,经营一个企业和雕琢一件玉器没什么区别,只有坚守对事业的信念和担当,不断追求精益求精,根据客户的需求不断'雕琢'产品和服务,始终将客户的满意放在第一位,这样才能在长期的竞争中取得成功。"如果将具有工匠精神的杨淼比作一名匠人,那么欧洛普就是她此生最得意的作品,这件作品经过她的精心雕琢,已经成为行业中的佼佼者。

作为一名过来人,在国家提倡"大众创业,万众创新"的双创时代全面来临之际,杨淼对于创业也有着自己的看法。她说:"创业是一件很艰辛的事,需要付出巨大的努力,需要有极强的韧性,更需要永不言弃的决心和毅力。年轻人必须踏踏实实地回归本源,做好自己的事,将工匠精神发挥到极致,不断打磨自己各方面的技能,积累到足够的社会经验之后再去创业。"天下从来没有一条路可以快速致富、迅速成功,唯有一步一个脚印,经过长时间的努力,才能获得最终的成功。杨淼对年轻创业者们的忠告是:"永远要做最坏的打算,尽最大的努力,每一个企业家都是苦过来的,如果想要安逸,就不要选择创业。"

如今的欧洛普正在追求行业极致的这条道路上前进着,尽管就连国外的专家也对它们已有的成就连连称赞,但杨淼仍不满足,未来,她还有更高的目标要实现,更多的责任要承担。首先,她计划在三年内基本完成新厂区的基建工作,五年内逐渐形成能够自我循环的小生态产业链,链接业内相关企业,互相参股,做到你中有我,我中有你,强强联合,资源优化,集合团队的力量问鼎行业之巅;其次,她将承担更多的行业责任,尽力让流体污染控制方案在国内真正推行起来,而不仅仅停留在理论上;最后,她还将进一步加强与国际的合作,以国际机械润滑协会中方考试代理人的身份将国际认证的资格考试与国内人社部的考试对接,为国家培养一批专业人才,建立一个全面系统的人才库。

著名企业家、教育家聂圣哲曾经呼吁:"中国制造"是世界给予中国的最好礼物,要珍惜这个练兵的机会,决不能轻易丢失。"中国制造"熟能生巧了,就可以过渡到"中国精造";"中国精造"稳定了,就不怕没有"中国创造"。笔者相信,在如同杨淼一般的具有匠人精神的企业家们的共同努力之下,"中国制造"必定会在不久的将来成为享誉世界的"中国精造",最终进入全球工业强国的行列,变成造福全人类的"中国创造"。

（刘 欣）

前行动力始终澎湃

——访北京腾龙大地恒通摩托车经销有限公司总经理赵德峰

《中庸》云：君子之道，辟如行远，必自迩；辟如登高，必自卑。在中国人传统的价值观中，干事创业必定要脚踏实地、由小而大地进行，唯有如此，才有成功的可能。赵德峰，这位创业者奋进的足迹始终清晰而坚定，这位成功者前行的动力始终强劲而澎湃。

勤奋加积累是创业之基

赵德峰的家乡在河北宣化，那里曾是长期贫困的山区，生长在农村的他从小就养成了吃苦耐劳的坚韧性格。

1993年，赵德峰走进了军营，成为北京卫戍区一名光荣的解放军战士。这段经历在赵德峰看来弥足珍贵，经过部队这个大熔炉的锻炼，他成长、成熟起来。1996年，一个坚强上进、意志如铁的年轻人走出了军营，走向了社会。

从部队复员后，赵德峰有多种从业选择。最终，表哥在北京经营的摩托车销售生意打动了他，他决定远赴京城，跟着表哥打工。

所有打工者的开始都是一样，但过程和结果却截然不同。

赵德峰工作非常勤奋。他从事技术工作精益求精，绝不留任何的质量隐患；他从事销售工作热情周到，努力为客户着想，博得了广泛赞誉。同时，他还把表哥的家事当成自己家事来做，经常帮助表哥家料理家务。

赵德峰不仅勤奋还很用心，在打工过程中，他深入了解了这个行业，认为摩托车作为一种民用交通工具，有很多独特优势。其方便、快捷、灵活，有很多人拿来代步及小批量运输，应用范围广，前景很好。而且，摩托车有不同型号种类及档次，也有很多人以此作为休闲娱乐工具，有固定的消费人群。

随着打工时间延长，有心的赵德峰也积累了越来越多的经验。那时很多的年轻人都喜欢骑在摩托车上那种风驰电掣的感觉，赵德峰也不例外，有一种强烈的摩托车情结。因此,他对摩托车这一行业自然而然地有着浓厚的兴趣,在摩托车行业独立闯出一片新天地的想法也油然而生。于是,在打工6年后,赵德峰决定走出来独立创业。

作为赵德峰进入摩托车行业的引路人,赵德峰的表哥对于他的决定充分理解,并给予了大力支持,这让他对表哥及其一家一直充满了感恩之情。

经历对有些人来说只是过程,而对有心人来说则是财富,赵德峰显然就属于后者。

赵德峰的自主创业之地,选择的仍是北京,自己在这里当兵,在这里打工,对这里充满感情。这个全国政治、经济、文化中心,能给有梦想的人们提供广阔的舞台。他的自主创业之路,选择的仍是摩托车经销。因为他对自己从事6年的行业割舍不开,还因为他看好这个民用交通工具的发展前景,加上他积累的工作经验和人脉资源,使他能够得心应手地打开局面。

2003年4月,北京大地恒通摩托车经销有限公司成立,他任总经理。公司注册于北京市朝阳区,集摩托车整车销售、维修保养、配件供应、改装装饰、代上牌照等服务于一体。

赵德峰,这个昔日的打工仔,靠着自己的勤奋与积累,有了干事创业的本钱,开启了一名企业家的人生历程。

思想加情怀是兴企之源

赵德峰创业后,对业务的开展充满信心。他的自信来源于家庭,父母及哥哥都常年经商且非常成功,能给他提供各方面的支持和有益的建议;他的自信还来源于自己的打工经历,六年的时间早已让他对这个行业早已驾轻就熟,而且他还有一帮关系非常"铁"的客户及摩友。

"合抱之木,生于毫末;九层之台,起于累土"。任何事业都是由小到大,任何企业都是由弱到强。

赵德峰的公司初创时,是一间仅有40平方米的小店,摩托车一辆挨一辆地陈列。但是,狭小简陋的环境并不影响朋友们对赵德峰创业的支持,打工时结交的摩友会专程到他的店里购买摩托车。而更有朋友愿意来到他的小店内,在谈不上任何文化和情调的环境下品茶、喝酒、聊天、赏车。这让赵德峰非常感慨,他萌生一个想法,有朝一日事业做大做强的时候,一定要有一个空间,提供给朋友们一起来赏车、谈车、学车、交友,把摩托车文化发扬光大。

赵德峰认为,品质和服务是企业发展进步的重要基础。在自己创业之初,他带领员工,以"拼命三郎"的精神,努力为客户提供周到服务。那段时间,他们经常忙碌到深夜,有时甚至一天顾不上吃饭。他清晰地记得,在一次冷雨的深夜,他为一位摩友去提一辆心仪的摩托车,虽然可以说是历尽千辛万苦,但看到摩友见到自己爱车时的喜悦之情,他觉得,一切辛苦都烟消云散。

在经营过程中,赵德峰从不满足于自己的经验和智慧。他不断学习,接受先进的管理理念,探寻知名企业的成功规律。他发现,能打善战的员工队伍,是企业发展壮大的有力支撑,凡是成为行业翘楚的企业,无不重视员工队伍建设。于是,他不断地在员工队伍建设方面下功夫。

因为自己有部队锤炼的经历,赵德峰认为团队的战斗力必须从严格管理中培养。在他的企业里,实行的是军事化管理,员工早上按时出操,不管是生活内务还是工作环境,都有统一而严格的标准,受不了这种严格管理的员工及时淘汰。同时,公司还建立了全面而系统的规章制度,一切向现代企业管理靠拢,员工升职、加薪、奖励、惩罚等行为,一律照章办事。"公生明、廉生威",赵德峰能"一碗水端平",让员工们打消了厚此薄彼的顾虑,从而心平气和地投入工作。

赵德峰在引入现代企业管理手段的同时,还充分展现了一名出身"草根"企业家的情怀。他引导公司管理层,关心每名员工的成长进步。他认为,"授人以鱼不如授人以渔",帮助员工"长本事",意义远远大于发奖金。公司定期组织员工培训,让他们接受新思想、新理念,从个体能力上不断提升、突破。他还高度重视员工生活,帮助员工们成家、置业。

他认为,把"根"留住的员工,自然能把心留住。他还做出一个大胆的决定,根据员工在公司的职位、贡献、资历等因素,让骨干员工持有公司股份,形成风险同担、利益共享的格局。员工们很自然地把公司当成了自己的事业,从而全身心地投入到企业经营发展中来。

就这样,因为有科学先进的管理思想和爱护扶植员工的感人情怀,赵德峰的事业劈波斩浪,一路向前。

转型加升级是领跑之因

在赵德峰领导下,经公司全体员工的共同努力,公司迅速"裂变"。这家创办之初仅 40 平方米的摩托车经销店,至今已成长为拥有 8 家品牌经营门店、18 家售后服务网点的大型连锁企业,旗下店面分布于北京市的昌平、顺义、朝阳、海淀等地。

该公司拥有自己的专业销售与维修队伍,正规化的售前、售中、售后服务体系,能为顾客提供代上牌照、代办年检、代缴税费、上保险、中途救援、上门服务等强有力的服务保障。

目前,公司所经营的摩托车品牌有豪爵 – 铃木 SUZUKI、YAMAHA、钱江– 贝纳利、鑫源复古、本田 HONDA、意大利比亚乔、阿普利亚等,公司已成为多家知名品牌的代理商。

赵德峰无疑是成功的,公司成立以来,经营业务稳步发展,企业成长发展态势喜人,长期在北京市同行业中处于领跑地位,稳居同行业前三甲。

但是,作为一名出色的企业家,赵德峰从未满足过已经取得的成就。他在不断研究国家政策及社会发展变化形势,在研究摩托车行业悄然发生的变化。

赵德峰认为,随着小康社会建设步伐的不断加快,随着"美丽中国"伟大战略的深化,摩托车行业发展面临着新形势。当前,交通工具多样化,人们出行有了更多选择,摩托车的代步及运输工具属性逐渐弱化。同时,因管理难度大、改装摩托事故多发等原因,不少城市都发出了"禁摩令"。在这种情况下,摩托车已经从大众化而逐渐转为小众化的消费品。摩托车的体验功能、休闲娱乐功能、社交功能逐渐突出,摩托车消费人群越来越固定。

基于对行业的深入研判及科学预测,赵德峰领导着企业也逐步走上了转型及升级发展之路。

一方面,赵德峰加强了既有经营业务的管理力度,摩托车经销工作严格遵守国家法律及行业规范,禁止旗下门店搞非法改装等业务,要求员工们在从事维修作业时严格遵守环保规定,杜绝固体物及废弃油品污染环境。

另一方面,赵德峰自觉肩负起传播摩托车文化的使命,积极倡导绿色出行的公益理念。为此，赵德峰和他的团队积极谋划在实体经营基础上构建文化经营平台，真正实现摩托车文化梦想。于是，Datone 机车工场应运而生。其中，Dat 意为"数据"，象征着大地恒通与时俱进的发展之路；one 则体现了大地恒通追求卓越的理念。他们设计出了充满现代感的企业标志，并扎实开展了宣传推介活动。

根据赵德峰对 Datone 机车工场的定位，这里是摩友们"摩托梦"开始的地方，是摩托车品牌厂商的展示平台、全国摩友的交流平台、摩托车文化的传播平台、绿色出行理念的倡导平台、公益事业的拓展平台。Datone 机车工场以黑、绿、灰等色调为主，彰显品质，同时体现一种自然、环保、自由的精神内涵。这里是一个俱乐部、一个博物馆、一个文化展厅，同时也是一个高端的摩托车销售场所，可以说为消费者呈现了一场摩托车文化的饕餮盛宴，能带来全新的购物感受。

Datone 机车工场一诞生，就得到广大摩友的挚爱和支持。他们在这里选购好车，深入交流，参加文化活动，充分展示自我，张扬个性。

Datone 机车工场诞生后，赵德峰联合博比肯文化艺术传媒有限公司总裁张雯婷女士，一起搞了件"大事情"。他们共同策划了以"绿色、安全、时尚"为主题的"中国首届摩托时尚达人选秀活动"，旨在选出摩托车行业最具专业、最具创新、最具时尚的优秀达人，使得这个行业的人才达到术业有专攻的专业境界，用专业、创新、时尚来引领摩托时代。活动将摩托文化表现得淋漓尽致，取得巨大成功。

有摩友欣喜地表示，在 Datone 机车工场，摩托车不再是一种交通工具，不再是一块冷冰冰的金属。它是一种梦想的凝结，能承载记忆、记录人生，值得在这里释放激情，表现痴狂，展示真我！摩友之间互相传播着这样的认知：如果想要一辆真正的好车，如果想感受最纯粹的摩托车文化，如果想寻找最志同道合的伙伴，如果想知道喜欢摩托车人的精神共鸣，如果想向众人展现自己的激情与梦想，Datone 机车工场是最理想的场所。

"长风破浪会有时，直挂云帆济沧海。"事业成功的赵德峰，仍然保持着创业之初的那份热烈激情和澎湃动力。他坚信，在美丽中国建设中，自己从未也将不会缺席。只要企业领导人和团队和衷共济、砥砺奋进，只要大家开拓进取、与时俱进，企业定能进一步兴旺发达！

（刘 欣）

小草成就大梦想

——访甘肃欣海科技实业集团总经理白建海

  白建海出生于 20 世纪 70 年代的甘肃农村,农村的生活造就了他坚韧不拔的优秀品质,而甘肃农业大学的草业学院则是他人生梦想的起点。2000 年,是我国大学生包分配的最后一年,白建海就是这一年毕业的。按照常人的思维,国家包分配,找一份稳定的工作是天大的好事。但是,白建海却毅然放弃了这个机会,选择了自己最爱的草业生涯,去了一家草业公司上班,由此开启了他不凡人生的拼搏之路。

投身企业　梦想起航

  2000 年,大学毕业后,白建海的大多数同学都选择了分配。在那个年代,对于农村出身的青年人来说,很多人上大学的目的就是为了摆脱自己面朝黄土背朝天的农民生涯,找一份体面的好工作。但是白建海却放弃了分配,也放弃了唾手可得的安逸生活,反而选择了兰州的一家草业公司,继续专注于本行业,寄希望于在草业事业中闯出自己的一片天地。

  公司总部在兰州,待遇不错,还可以按时上下班,白建海对这份工作很满意。公司业务是以农业为主,当时国家倡导在西部种草、种树。白建海所在的草业公司也顺应潮流,开始在甘肃种植苜蓿,并且很快在甘肃省内建立了很多基地。因所学专业对口,白建海被公司派到了玉门镇从事饲草厂的建设及戈壁荒地的改良工作。尽管从兰州下到农村,从一名白领变成了蓝领,白建海仍然感觉很充实。他痛并快乐着,享受着自己最爱的老本行带给他的成就感,在他看来能够做自己喜欢的事是最幸福的事。

  一年的基地生活对白建海来说是一种磨炼,他变黑了也变壮了,更重要的是他变得也更坚强。在一年后的同学聚会上,他和曾经的大学同学格格不入,对于同学的一句:"你怎么晒成这样了,和农民没啥两样!"白建海只是一笑了之,不以为然。

  很快,白建海的工作取得了成效,他又被调到另外一个基地,在沙漠上开荒种

地,同样,白建海做得很好。他也得到了公司领导的赏识和器重,被任命为基地部经
理。但是这时的白建海突然觉得这种周而复始的生活也许不是他想要的,他还年
轻,他渴望拼搏,他想在草业事业中闯出自己的未来。于是2001年,白建海选择了
辞职,也开始了他的创业之路。

不忘初心　牧草情怀

辞职的最初,白建海也曾犹豫彷徨,不知道下一步该怎么走。但无论如何,他始
终都坚持自己最初的选择,坚持从事自己的专业——草业,在草业公司的一年,使
他更加确定草业市场的美好前景。他经常会去网吧上网寻找机会,并找到了一个赚
钱的门路,就是贩卖苜蓿草粉。他辗转于河西的好几个县,去寻找苜蓿然后加工、卖
给客户,其中的艰辛自不必说,为了赚钱,搬运工、司机,白建海什么都做过。为了梦
想,他一直在坚持。累点、苦点对他来说并不算什么,但是让他郁闷的是,他发现苜
蓿的利润很好,但是因为他是中间商,所以自己拿到手的利润并不多,为此他开始
琢磨建立自己的草业基地。

白建海绝不仅仅是想想而已,他一贯的作风就是想了就要干,很快他就付诸了
行动,他不顾父母的反对,租了200亩地开始种苜蓿,有条不紊地发展自己的苜蓿
事业。苜蓿的种植和销路都很好,2008年的三聚氰胺事件更是给牧草行业带来了
前所未有的发展机会,越来越多的人看到牧草的利润,开始投入到这个行业中来,
这也使整个行业变得混乱。白建海又一次感觉到了危机,他意识到想要在行业内脱
颖而出,就必须要有自己的特色,组建自己的团队。于是2011年,白建海注册成立
了甘肃欣海牧草饲料科技有限公司,开始了他在牧草行业的不断扩张。公司的经营
范围也不断扩大,从单纯的苜蓿草饲料加工,扩展到猫尾草饲料、燕麦草等各种牧
草系列产品和各种宠物专用饲料以及秸秆混合饲料领域。他们的产品也迅速销往
全国,并出口到了日本、韩国、新加坡、印度等国家。

百尺竿头　更进一步

白建海的牧草事业取得了很大成功,但他并不满足。他又开始琢磨起新的项

目,着手发展养殖业和绿色食品加工业。2013年,他注册成立了欣海天然绿色食品公司,开始在苜蓿地里养鸡、养羊。高蛋白的苜蓿给鸡和羊提供了丰富的营养,纯放养模式也使他们公司的鸡和羊与众不同,有着独特的风味,是绝佳的绿色食品。而鸡和羊的粪便又回归于土地成了苜蓿成长的绝佳饲料,这样就形成了一个完整的农业循环产业链。他们的绿色食品除了鸡和羊之外,还包括了百合、有机蔬菜等等。公司的规模也不断扩大,目前在养的土鸡约2万只、山羊约5000只。公司的百合种植面积达1000多亩、有机蔬菜种植面积达200多亩,牧草种植面积则高达3万多亩。公司还建立了自己的加工厂,2016年,白建海将公司重组为甘肃欣海科技实业集团,由此建立了他独具特色的农业王国。

白建海还积极与当地的食品公司及农业合作社合作。他采取公司 + 合作社 + 农民的经营模式,积极发展绿色食品生产加工业,打造了自己的绿色食品品牌——欣乡原。对于欣乡原系列食品,白建海很有信心,他说:"我们有大量的土地,可以在土地上做文章,我们所有的产品都是自己养殖和种植的,这是别的企业根本做不到的。我们也经常组织客户参观,让客户亲身体验后对我们的产品放心。我们的产品是社会最需求的,家家户户都要吃的食品,大家最关心的就是食品安全问题。"关于食品安全,白建海更有自己的独到见解。他说:"我们的产品都是来自于无污染的环境,我们现在要做的就是食品溯源,做到每一个农产品都能找到它产生的时间、地点,让消费者能够真得放心。"

高质量的产品必然意味着其不菲的价格,欣乡原系列产品的价格比同行产品要高50%~60%。对此白建海也有合理的解释,他说:"因为我们的产品生产周期长,例如小麦和百合;我们不用肥料,投资大;一般喂饲料的山羊3个月就可以长到20斤,而我们的羊是放养,吃的是牧草、虫子等天然食品,时间则要半年以上。"他坚信他们的欣乡原绿色食品是国内独一无二的,也是最好的。他说:"我们现在做的就是要把农村的产品、我们小时候吃的食品带进城市,让城市人也能体会到我们儿时的回忆。"

针对企业的经营现状及未来,白建海有清醒的规划。他认为公司目前发展面临的最大问题就是资金问题,要想进一步扩大公司的经营规模,就必须做好产品的研发和包装宣传并将之推向市场,而这些都需要雄厚的资金支持,仅仅靠公司自身的力量很难。因此,他希望在未来三五年内,自己创建的甘肃欣海科技实业集团能够成功上市,通过上市来获取更多的资金支持,把集团的绿色食品事业做起来,让全国人都吃到他们的绿色食品。他还想进行牧草种子的研发,开发出中国自己的牧草种子,为我国的牧草事业做出贡献。他说:"苜蓿是牧草之王,营养价值很高,是奶牛最好的天然饲料。三聚氰胺事件之后,牧草的需求量更大。目前中国40%的牧草种子都是进口的,就是因为进口种子种出的牧草产量高。"事实上,甘肃欣海科技实业集团已经在进行牧草种子的培育工作,并且计划在2~3年内开发出自己的与国外同等产量和品质的种子。"我们不能依靠老外,我们必须把自己的牧草种子培育出来"。白建海坚定地说。

如今,欣海科技实业集团的牧草年销售额达到8000多万元,食品年销售额达到3000多万元。白建海也被评为"兰州市骨干人才"。对于荣誉,白建海很清醒,他说:"荣誉是次要的,这只是政府对我的鼓励。我不追求荣誉,我只想通过我的示范效应,带动更多的人从事农业、把农业产业做大。"白建海也衷心地告诫年轻人:"一定要敢想敢干敢闯,但是也要一步一个脚印,扎扎实实地闯,只有闯出去才能看到希望。"他的这番话不仅是对青年人的期望,也更是他自身经历的真实写照。正是由于白建海敢想敢干的实干精神,才铸就了他今日的事业辉煌。我们相信未来白建海和他的欣海科技实业集团会走得更稳也更远!　　　　　　　　　　(高　越)

切带机里乾坤大 自主创新是领军
——访莆田市坚强缝制设备有限公司总经理林秀椿

林秀椿生于 1968 年，早年是一家服装厂的机械维修工。出于工厂的工作需要，他研究改造出一台机械切带机。从此，林秀椿将自己的关注焦点都放在了切带机上，并最终成立了坚强缝制设备有限公司，与两个儿子一起生产出了多种先进智能的缝制机器，获得了近 30 项专利，走出了一条小企业的"创业、创新、创造"之路。

一次发明 一生事业

家庭的熏陶对一个人的成长无疑起着至关重要的作用。1968 年林秀椿出生在福建莆田一个工人家庭，父亲是一家服装厂工人。年幼的林秀椿常常跟随父亲到工厂，他对厂里的各种缝制机械十分好奇。长大后，林秀椿如愿成为服装厂的一名机械维修工，终日与各种缝纫机器相伴。多年的工作经验，让他对行业内所用的机器熟门熟路，成了行业中的"老师傅"，并慢慢地将两个儿子也带入到行业中。

"发明切带机也是机缘巧合，是在无意中成功的。"林秀椿说。20 世纪 90 年代，福建莆田生产衣服鞋子的工厂特别多，生产上都需要切带机，但是老机器功能单一，只能切断，不能加工成各种款式，还需要人工修剪。另外，老机器损耗大，维修成本居高不下，从而影响生产成本，而好一些的切带机价格又太贵。林秀椿想，自己就是搞维修的，可以改造一台切带机出来呀！在多次尝试后，他终于找到了合适改造的机器，改造出来的切带机效率很高，在朋友的支持下，很快申请了技术专利。

2002 年，林秀椿在莆田市荔城区注册成立坚强针车行，开始制造、经营缝制设备。"刚刚造出第一代切带机的时候，产品销售全靠跑工厂。"林秀椿回忆说，每到一家工厂，就一遍遍地给对方演示机器的具体使用方法，以此打动买家的心。"有时一天跑 20 家工厂，能有一两家下订单就很不错了。创业初期，我们只能走薄利多销的路子，慢慢依靠技术增强自身的实力，让更多客户看到我们产品的优势。"

对不同客户的需求，林秀椿总是牢记在心，不断改进设备，力求达到最好的使用体验。到制鞋厂推广切带机的时候，发现鞋厂要切 20 多厘米的，而他发明的切带机只能切 10 多厘米的。于是，他潜心钻研，最终提升了切带机的性能，切割长度能达到 30 厘米。后来，他到包带厂推销产品，又遇到了更高的要求，人家要求能切到 1 米多。林秀椿意识到了自己产品的局限性，在一代产品热销之时，就又启动了二代产品的研发。研发第二代产品的目标就是提高裁切的长度和宽度，并增加款式，而这给机器的驱动技术带来了新挑战。"在研发二代产品时，一开始沿用的是第一代产品的链条驱动技术，试验了几个月，裁切误差一直在 3% 左右，始终不能控制在 1% 以内。"林秀椿回忆说，在经历了无数次失败后，他几乎要放弃了，但他还是坚持了下来，并找到了驱动技术的短板，把链条驱动变更为更先进的齿轮驱动。最终，二代产品的切割长度和宽度可以从 0.5 米跨到 3 米，并能做到误差 1% 以内，裁切精准、效率也很高，客户非常满意。

靠着过硬的技术和优质的服务，坚强针车行得到了快速发展，在当地名气也越来越大。

以市场为导向创新　由制造迈向智造

林秀椿开办坚强针车行以来，长期和缝制行业打交道。多年的深入了解，加上自身对缝制设备的认知与不懈研究，他认为切带机的销售市场前景广阔，于是将目光专注到切带机的研发和生产上来。2007 年他开始自筹资金研发新型切带机，经过 3 年的技术攻关，第一代新型切带机 JQ-09A 型终于研制成功。

第一代新型切带机结构简单，维修方便，比电脑切带机耐用，可以裁切各种形状带子，只要简单地更换不同形状的裁切刀具即可，同时具备冷热两用的裁切功能。

第二代新型多功能切带机 JQ-09B 型于 2010 年研制成功，是在第一代的基础上加入预置数计数器，在设定裁切的数量切完时会自动停止裁切，关掉电源会保存切过的数量，开启电源后会将原来的数量再次加入，切出物料的数量绝对准确。这款新型切带机一天可切物料 10 万片以上，是目前世界上切带速度最快的切带机。

2011 年，林秀椿在家乡莆田成立了坚强缝制设备有限公司，把发明成果变成自己的创业项目,经营范围包括缝制设备创新、研发、生产、销售等。

从 2002 年开始经营缝制设备,2006 年注册"坚强"商标,2009 年研发新一代新型切带机,2010 年研发出第二代新型功能切带机,到 2011 年成立坚强缝制设备有限公司,林秀椿始终牢记市场是发展的根本。数年来,他坚持走访工厂,分析市场,依据市场来指导创新发明,并坚持做到人无我有,人有我优。

目前国内大部分的切带机都是从国外进口,不少缝制设备生产企业仅仅是在进口机器的基础上进行改造生产,国内自主研发的较少,且目前进口切带机以电脑型为主,价格昂贵且维护困难,工作效率低,已不能满足高速发展的社会生产需求。

林秀椿带领公司全体研发人员对现有切带机所存在的各种问题进行攻关,利用超声波技术结合自动变换刀具角度,来解决用普通刀具无法裁切波浪、锯齿形、梯形等不规则形状的问题,此外,他们还研发出了具有自主知识产权的电脑切带机,自主开发的新款电控系统,迎合新一代技术的发展。林秀椿说:"电脑的控制系统都差不多,但我们的刀比别人的宽,他们的切刀通常只做到十几厘米,我们切刀的宽度已经做到了 25 厘米。我们还可以根据客户提供的花样,设计自己特制的刀具。"

目前,坚强缝制设备有限公司正在研发第三代切带机,它与前两代产品最大的不同是,实现了智能化控制。林秀椿介绍说,第三代切带机实现智能化控制后,可以增加多种自动提示功能,进而节省不少人工。"原来一台切带机需要一个人专门操作,升级为智能切带机后,一个人可以值守几台机器,效率大大提升。另外,我们还要给切带机加入语音提示功能、遥控功能……"现在,第三代切带机正在解决仪表盘的温度适应问题,推向市场已经指日可待。

小小的切带机承载着林秀椿火热的创业激情和孜孜不倦的研发动力,推动着公司成长为专注智造的高新技术企业。

29 项专利支撑 多渠道谋求发展

莆田市坚强缝制设备有限公司注重研发新产品,截至目前,已获授权专利 29 项,其中发明专利 8 项,实用新型专利 9 项,外观设计专利 12 项。此外,绷缝机缝合船袜、超声波模具花轮、船袜下料定位器等 8 项专利已提交申请。

每一项专利，每一个发明都凝结着一次提升。林秀椿介绍，根据裁切款式的不同，公司还研发出几十款拥有专利技术的裁切刀，使企业的产品从原来单纯的切带机发展为机器、刀具的并驾齐驱。"莆田本地的新飞天鞋业、双凤鞋业等大企业，还有惠安县的童鞋厂，一般购买 10 多台切带机就够了，但对裁切刀的需求是源源不断的，每个企业一年起码要买走几十套裁切刀。"刀具已成为企业利润的重要来源。

"我们的机器优势很突出，价格是老机器的 70%；能加工的款式多，节省人工，性能也更加可靠。"林秀椿说，这台机器在鞋服箱包产业发达的温州、义乌、广州、福州等地很受欢迎。"很多鞋厂专门生产'人字拖'，原来两条关键的鞋带要靠人工剪，我的切带机可以自动裁切，所以卖得很火。"林秀椿说，他的产品最远卖到了印度、越南等国家，单种机器销量至今已经超过 1000 台。

对公司产品，林秀椿有严格要求。他发现缝制设备行业存在没有切带机标准、没有检测的指标数据和不规范生产等问题。2012 年 7 月，林秀椿制定企业标准。2014 年 3 月，他进一步修订企业标准，并在省企业标准信息公共服务平台备案。公司先后获得福建省知识产权优势企业、国家高新技术企业、国家知识产权优势企业等称号，并在 2015 年入围莆田市"邮政银行杯"青年创业创新大赛决赛。

对公司的发展，林秀椿在坚持自主研发、产品自有知识产权的同时，也非常注重宣传和销售，积极到全国各地参加展销，进一步打开国内市场，通过众多的展览会、交易会，"坚强"商标知名度日渐打响，坚强牌切带机也有了不少拥趸，还有不少外国客户被产品吸引，来公司洽谈业务。

林秀椿认为，在众多的交易会、展览会中，福建项目成果交易会对公司的帮助最大。公司自 2011 年首次参加 福建项目成果交易会后，便成为这项科技成果交易盛会的常客。交易会不仅为公司带来了客户群体，壮大了代理商队伍，还在与智能型企业的对接中，实现了由制造向智造的飞跃。2015 年的福建项目成果交易会上，他们与福建工程学院签约共同开发，使产品实现了众多的智能化功能，如增加多种自动提示功能，一人可以值守几台机器，节省大量人力成本，提高了效率，为公司研发第三代切带机解决了技术难题。2016 年福建项目成果交易会上，林秀椿又与福州大学签下项目合作协议，共同开发"物联切带机"，采用传感器、无线通信及自动化控制等技术，实现远程对设备的实时监控、智能管理、数据传输等功能。

小企业，大梦想。在缝制设备行业里，林秀椿带领公司不断研发新产品，以客户需求为目标,以市场为导向,走在行业的前端。他认为行业前景是很好的,国内、国际上对功能强大的高新技术切带机的需求量还是很大的。希望能吸引更多的资金进来,和有志人士一起,逐步将销售重心转移向越南、印度这样市场前景广阔的国家和地区,让中国造走向世界,让世界知道,中国不仅能制造,也能智造!（高 越）

山 鹰 之 歌

——访吉林省白山市林源春生态科技股份技有限公司董事长徐建友

徐建友,一个农民的儿子,因家境贫寒辍学,立下志向:一定要靠自己的勤劳和智慧摆脱贫困、改变命运。17岁那年,父亲去世,从此他辍学走上了创业之路。经过二十多年的不懈努力,终于如雏鹰长满羽翼,展翅翱翔于长白山上:从打工仔到农民企业家,实现长白山特色浆果种植、加工、生产、销售全产业链的农业产业化国家重点龙头企业的带头人,产品畅销大江南北、长城内外,他安置居民就业,带动村民致富,还为村民修桥筑路、抗洪救灾、捐款捐物,把满腔的爱撒播在长白山的屯屯村村,完成了由一名身无分文的创业青年到白山市林源春生态科技股份有限公司董事长的华丽转身。

让我们顺着他的足迹,探寻一下他艰辛的创业之路吧。

雏鹰初展翅

1973年,徐建友出生在江源区湾沟镇沙金村一户普通农家。人口多、土地少,贫穷和匮乏充斥了徐建友的整个童年,所以他从小的理想简单而现实,能吃上口饱饭,让父母不为钱发愁。就是这小小的心愿实现起来也是难上加难。

1990年,刚上初中的徐建友父亲去世了,家里兄妹六个都未成年,全凭母亲一个人操劳,生活极其艰难,有时吃了上顿没下顿。当时连买点玉米面的钱都没有,有的是几年来为父亲治病欠下的债。面对此情此景,徐建友小小的心灵倍受煎熬:这样的苦日子何时才能是个头啊!但他人小志不小,决心和母亲一起改变家里的贫穷状况,让家里人能吃上饱饭。他向母亲提出:要退学打工,让家人吃上饱饭。母亲虽不忍心,但也无奈,只好答应了。

就这样,徐建友辍学了。这个十六七岁的孩子,为了不让母亲太辛苦,为了让全家人吃上饱饭,他毅然决然地出外打工了。夏天在工地做小工、冬天在林场抬木头。肩上、手上的茧子无言地述说着他打工的艰辛。他虽然年龄小,但认识他的人一提徐建友,都竖起大拇指,说:"小徐子,能吃苦,干活好样的。"在不到三年的时间,他不但把家里的外债还上了,还积攒了 3000 多元钱。

随着社会阅历的增长,他意识到:仅靠打工,很难实现让家人过上好日子的愿望,创业才是出路。1994 年,他拿出自己打小工、扛木头辛辛苦苦挣下的 3000 元钱,买了一辆二手三轮车,干起了倒卖蔬菜的生意。他每天早晨两三点就起床,摸着黑去批发市场,天不亮就开始往各个饭店送菜。夏天还好些,到了冬天下雪时,真是一步一个脚印,一点点挪到批发市场,再将满车的菜一步步推回来。天气虽冷,他却整日都是汗水蒸腾,雾茫茫中隐约能见他一双眼睛。

1996 年,徐建友看到运输业有发展前景,就买了辆农用车跑运输。正当他踌躇满志,准备甩开膀子大干一场的时候,失败的阴云笼罩在他的头上。由于运输业风险较大,而徐建友又是门外汉,不到两年,他不但把车赔进去了,还赔光了自己辛苦积攒下的全部积蓄。此时,徐建友陷入了深深的痛苦之中。但他没有气馁,静下心来,对失败进行了深刻的反思:遇事不冷静,草率行事,盲目追风,在商海中拼搏缺乏经验。

俗话说得好:吃一堑长一智。失败使他沉稳起来,他心里暗暗告诫自己:不能再失手了,这个家经不起折腾,以后一定要看准了再行动。

干什么? 怎么干? 他突然想起在一次运输中,听说东北的中草药在南方很有市场,尤其是五味子利润很大。于是他便先后去到湖南、湖北、安徽等地考察,回来后他又到抚松的泉阳、松江河、露水河等地了解,发现区域差价比南方差一倍多。于是,他打定了主意:做五味子生意。

他向姐姐借了 1 万元钱,做起了收购五味子的生意。由于他资金少,索性就骑着自行车、拿着秤进山收购。他翻山越岭、走村串屯,这家收八斤,那家收十斤,再卖到药店。累了他就坐在山坡上歇一会,渴了他就喝点附近的山泉水。就这样,他不辞辛苦,收了卖,卖了再收。收的品种也有过去的单一五味子增加到大力子、党参、人参、天麻、山野菜等 20 多种中药材。渐渐地,他收购的方式也由过去的骑自行车下乡收购到当经纪人,为别人代收,并于 2004 年在湾沟镇和平街的中心地段租了一处门市房,做起了土特产收购和种苗、种子出售业务。后来他又办了个五味子初加工厂,对五味子等中药材进行简易加工后再卖给药店,以提高药材价值。从此,他的思想得到了升华,经营也从无序变为了有序。几年下来他挣了一些钱,为家里盖了两间浑砖的平房。

雏鹰初展翅便取得了小小的成功,他心里很高兴,他家的日子就要翻身了。然而,就在他收购中草药生意风生水起的时候,市场上中药材的销售价格突然跳水,他收的五味子一下子卖不出去了,又赔了个精光,徐建友再次陷入低谷。

山鹰翱长白

逆境是一所自修大学,它能教会人们在摔倒后感到疼痛的同时,看到诗和远方的希望。磨难对强者是生发壮志的沃土,真正的力量来源于内心的坚强。

徐建友就是这样一个强者。他面对一大堆卖不出去的五味子等中草药,心里打定主意:找老师请教去,一定会有好办法。于是他就跑到沈阳农业大学、黑龙江特产研究所、中国林业副业特产研究所向专家、教授请教。经多次学习、请教,他知道五味子具有一定的医疗作用,用五味子制酒具有很好的保健作用。经专家指导,他也掌握了酿造五味子酒的技术。2007年1月,他向江源区工商部门申请了营业执照,成立了"吉林省金汪酒业有限公司",他自出任总经理,他又向专家请教,能否将这些被扔掉的五味子果皮、果汁制作成饮料。在得到专家的认可和指导后,他又购买了鲜果榨汁机、鲜果汁贮存罐、饮料罐装机等设备,培训了技术人员,开始了五味子饮料的生产。特别是他自己动手改装了一台五味子榨汁机,成功地实现了五味子皮、汁、籽的完全分离,大大地提高了劳动效率,由原来的五味子鲜果日加工量不足一吨,提高到了每年可以加工20吨鲜果的能力。并注册了"湾沟山宝"的商标。

徐建友并没有把学来的技术"独善其身",而是"兼济大家"。徐建友自己解决了五味子销售问题,想到的还是农民。于是,他和农户签订了近万亩的种植合同,采用"基地＋合作社＋农户"的模式,公司统一选苗、统一管理、统一采收、统一加工、统一销售,形成了种、产、研、销一条龙的产业链,打造成了天然、无公害、无添加、纯天然的品牌。为帮助农户更好地种好五味子等中草药,徐建友编印了《五味子种植技术问答》,并印成小册子,分发给大家,手把手地教大家种植。无论白天或黑夜,只要接到电话,他都会认真地帮农户解决五味子种植的有关问题。对于外村的邀请,他也是有求必应。每年栽种苗木和收获果实季节都是他最忙碌的时候,有时间他就到田间地头，没时间他也要通过电话指导群众用种、用药。他兜里常装两块手机电池，便于随时接受群众咨询。等回到家里，他常常累得连话也说不出来。妻子心疼他，劝他别这么拼命。可他却不以为然："春播一粒种，秋收万担粮。人家在这个当口给咱打电话，是信得过咱。咱拼命也得干。"

可创业的路确实艰难，对徐建友来说，不仅曲折还布满了荆棘。就在徐建友克服了五味子鲜果卖不出去，酿造五味子酒、制作五味子饮料生意红火之际，国家发文严禁使用五味子生产酒。企业的产业链被无情地折断了，高价回收来的五味子和产品包装眼看着变成废料，数百万元白白"打了水漂"。徐建友的五味子梦想一下子破灭了，他内心五味俱全，欲哭无泪，精神几乎崩溃……

世界上的事情就是这样，看似"山穷水复疑无路"，却又"柳暗花明又一村"。就在徐建友五味子产业链中断，对前途一片茫然之时，江源区委、区政府和农林部门领导找到他，为他送来了蓝莓项目的信息。

蓝莓，被称为浆果之王，无论鲜食还是加工都有很大市场。蓝莓对他来说可是新事物从未涉足过这个行业，他又开始了拜师学艺的历程。种植考察市场到辽宁、黑龙江，工艺到各大院校，研究所，销售从经销商到终端客户，事无具细。2010 年投资建设了标准化蓝莓种植基地以"公司 + 基地 + 农户"的模式，带动 1230 个种植户种植蓝莓 9500 亩。同年他又抓住江源健康产业园区建设的契机，通过市场考察，科学论证，果断地在石人镇投资 1.2 个亿建新厂。采有低温冷榨萃取技术等核心控制点，生产质量显著提高。生产工艺不断改进，开发的"纯蓝莓汁饮料"实现零添加。研发出蓝莓酒、饮料、果酱、果糕、果干等 12 大系列，158 个品种；由于他善经营、懂管理、勇于创新、诚信经营，使产品畅销北京、上海河南、山东等 20 多个省、市、自治区；在北京、天津、河南、山东设立等地设办事处，以促进销售，反馈消费者意见，改进工作。因此，得到社会各界的认可，公司注册的"林源春"商标被评为中国驰名商标。"第九批国家标准化示范区"。雄鹰展翅翱长白，他们打造出了响当当的民族品牌。

雄鹰翔长空

经过十年的发展，徐建友创建的企业，企业员工达 168 名，其中专业技术人员

30名,国家级评酒员1名,高级特种调酒师2名。拥有9项国家专利,注册30多个商标。企业通过了ISO9001质量认证;2015年,吉林省院士工作站落户他的公司;2016年公司被评为"农业产业化国家级重点龙头企业""国家高新技术企业"。

受人滴水之恩,定当涌泉相报。徐建友认为他能走到今天,全是党的政策好,是社会的大环境、是各级政府为他的创业成功提供了支持。因而,在他企业发展,个人致富成名之后,他不忘回报社会:他除在企业内尽量安排农村贫困人员、企业下岗职工,为政府减压外,还积极参加社会公益事业,回报社会:公司员工和村里的人不论谁家有事情,他都会到场;还经常把公司的车辆借给大家使用;他还帮助种植户垫付种地资金;帮助那些身患重病的困难群体和家庭困难的大学生;为江源区志愿者协会捐款;为扶贫村金源北虫草合作社注册"湾沟山宝"商标。几年下来他各类捐款、捐物就达几十万元。他还出资为沙金村安装了路灯,疏通了排水沟渠,栽上了绿化树木,平整了路面。他还为邻村榆木桥子村修了水泥路;2010年,江源区发生百年一遇洪灾,他舍小家为大家,出人出车参加到湾沟镇的抗洪抢险战斗中,自己的蓝莓地受了灾也没有时间自救,在危急时刻尽显共产党员的英雄本色。

在采访中徐建友提到:三次创业失败让他刻骨铭心。如果意志不坚定的话就会倒下,而善于学习、总结、思考、创新的他勇敢地走过来了。笔者向他祝贺,他却谦虚地说:"成绩和荣誉只能说明过去,我的成功得益于党的政策好,得益于各级政府和消费者的支持。"问及他今后三五年的打算和设想时,他又说:"市场如战场,我一点也不敢放松。这个时代是创新的时代,我也必须创新。"

他将继续打资源牌,走特色路。以带动更多的村民脱贫致富;他要向社会广招更多的高科技人才,使生产向智能化发展,减轻工人劳动强度,保证产品质量;他还要充分利用互联网,使他们天然的、无公害的产品不仅畅销全国,更要销到全世界,使世界人民都能享受到它的美味和健康,使它成为世界品牌。

他的信念是如此的坚定,他的梦想是如此执着,他的脚步是如此踏实。他用智慧、坚持和善良为自己创立了一片天,我们愿他梦想成真,愿他今后的天地更灿烂;愿这只山鹰飞得更高、更远,在天空勇敢翱翔……　　　　　　　　　　　　(高越)

以田野为战场　以创新为利刃

——访山东省邹城市农鑫农产品有限公司总经理许忠先

　　山东省邹城市是一个历史悠久的古城，这里曾经孕育出了战国时期伟大的思想家、教育家、儒家学派代表人物——孟子。在这个有着"孟子故里"之称的城市里，有一片充满希望的大地，这片土地就是我们本次的主人公——许忠先的"战场"，也是他数十年如一日，坚持探索发展农业发展之路，一手"开辟"出来的神奇土地。在这片土地上，许忠先带领旗下员工，研发生产出了纸皮核桃、薄皮核桃、圆铃枣、笨鸡蛋、黄金梨、五谷杂粮等农产品，受到了客户的广泛欢迎。

　　"我们提供的不仅仅是绿色健康的农产品，更是一种真品质的生活方式。"许忠先表示，这片承载着他振兴农业梦想的土地，从零到现在2000多亩规模的打造，他用了整整11年。今天，我们走进许忠先，聆听他的创业故事。

从"0"开始，农家孩子的自强路

　　很多人的创业或因梦想，或因传承，其起点比较高，而许忠先的创业原因十分简单——只为寻条活路。1988年，许忠先16岁时，家中陡然变故，作为顶梁柱的父亲突然去世，只剩下母亲带着许忠先和一个姐姐、一个妹妹艰难度日。为了将来有一技之长，当时正值初中毕业的许忠先进入了当地一个农业中专学习农业种植专业。不到两个月，许忠先就自动退学了。家中捉襟见肘的状况让他没法在学校安心上学，作为家中的唯一男丁，他决心扛起生活的重担。不到17岁的他，一夜长大。

　　摆在面前的境况是残酷的，17岁的他一无学历、二无技术，能干什么呢？无奈之下，他只能到当地的建筑队以出卖劳动力过活，以稚嫩的肩膀撑起一个破败家庭的希望。这种艰苦的日子，许忠先过了整整三年。

　　生活的磨难壮实了许忠先的体魄，也锻造了他坚强的心。许忠先深知以出卖劳动力过活不是长久之计，他寻思着，自己该做些什么，以改变自己既无背景又无技术的农家子弟的命运轨迹。

许忠先曾尝试过找工作，但当时的中国经济尚在起步之中，就业形势并乐观，许忠先想寻求一份体而面稳定的工作机会微乎其微。穷则思变。许忠先并不气馁，他想到了做生意。1993年，时年21岁的许忠先拉着一辆排车，每天往返于当地的农贸市场和自己的家之间，开始兜售批发塑料制品、厨房小电器等小商品的创业路。天道酬勤，一年之后，许忠先的辛勤耕耘得到了回报，他攒了一笔小钱。尝到了创业小甜头的他，大胆地在农贸市场租下了一个门店，开始了长达13年的批发生意。

批发小老板转战农业

2006年，在很多人诧异的眼光中，许忠先转型了。他关掉了在农贸市场做批发生意的门店，一门心思放在农业种植上来。很多人创业都是选择自己熟悉的行业来，许忠先没做过农业，竟然敢第一个吃"螃蟹"，人们用疑惑的眼光看着他。

其实，很多人不知道，实际上早在2002年起，许忠先就在当地的北宿镇承包了400多亩的果园，搞起了黄金梨的种植，并大获成功。

那第二个问题又出来了。好好地做着批发生意，许忠先为何会想到要搞农产品种植呢？许忠先表示，这与他看到当时国内层出不穷的农产品农药残留多，老百姓吃不上安全、放心的食品报道有关。

2002年，嗅觉灵敏的许忠先从诸多的农产品报道中看到了绿色、安全食品的商机。如果能生产出让国人放心且安全绿色的食品，在自己获利的同时，又能让百姓吃上放心的食物，这不是一件好事吗？

说干就干，他首先承包了400亩的土地，进行黄金梨的种植。没有技术，许忠先就到高等院校和农业科技所去聘请专家和技术员进行技术把关。经过几年的精心管护，黄金梨获得了丰收。据许忠先介绍，他最初试种的黄金梨果实或圆或稍扁，平均单果重400克，大果550克。这个品种果点小而稀，果肉白色，肉质脆嫩，多汁，石细胞少，果心极小，可食率达95%以上，一上市就获得了大众的喜爱，并于2006年开始出口。黄金梨的大获成功，让许忠先更坚定了要搞绿色安全农产品的决心。

2006年4月，许忠先关闭了自己在农贸市场的批发门店，注册成立了邹城市农鑫农产品有限公司。从此,他一头扎进了生产绿色安全农产品的事业之中。

在农业"金矿"里掘"金"

从 2006 到 2017 年,许忠先带领着公司团队积极探索,不断创新,在农业这个"金矿"中培育出一个个既健康又富有营养的"金子"农产品来,黄金梨、纸皮核桃、薄皮核桃、圆铃枣、笨鸡蛋、黄金梨、五谷杂粮……对于这些"孩子",许忠先给它们取了统一的名字——"富圣"。

"我们的笨鸡蛋不喂饲料,都是散养在林子底下,由着小鸡自己自由找食,所以这样的鸡无论肉质还是产下的鸡蛋,蛋黄颜色纯正,且营养丰富。"

"'富圣牌'核桃是邹城特产之一,素有'智力神''长寿果'之美称。具有补肾固精、健脑益智、强身壮体、养颜延寿奇特之功效。生食甘美适口,炒食齿颊留香,是中老年、幼儿、孕妇的高营养保健食品。"

"我们这里已有千余年的枣树栽培历史,所产圆铃枣色泽红艳、肉多核小、味美甘甜。我们公司出产的"富圣牌"圆铃枣,具有补血、养颜、益气、生津、健脑、降压、防治肝炎等特殊功效,故又有"百药之引"的美誉。传说孟母常用此枣熬粥哺育孟子,孟子周游列国时又以此枣馈赠各国君主、亲朋好友。

"在五谷杂粮方面,我们产的五谷杂粮富含很多微量元素,例如铁、镁、锌、硒的含量要比细粮多一些。这几种微量元素对人体健康的价值要相当大的。杂粮中的钾、钙、维生素 E、叶酸、生物类黄酮的含量也比细粮丰富。"

"除此之外,还有野香椿、野生金蝉、桂圆等诸多种类……"

说起自家的这些"孩子",许忠先如数家珍,公司里出产各种农产品的特色、历史典故、功效,许忠先信手拈来、滔滔不绝,如一位老父亲在向旁人介绍自己得意的孩子。

"我们在安全方面采用一流的检测设备,标准检测流程,专业检测人员,科学检测,保障安全;在保鲜方面:食物的新鲜是对健康的一份保证,我们保证为你采购新鲜、健康、营养的食材。毕竟新鲜食物才能保障最佳营养。"许忠先表示,目前他们公司的产品已经采用了线上线下同步进行销售,目前主要是在会下单、和地主网两个网站进行销售。不久的将来,他们还将会入驻京东商城,让更多的人买得到富圣牌

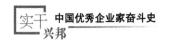

的无公害农产品。

农业蛋糕越做越大

2007年，农鑫农产品有限公司生产的产品通过ISO9001国际质量管理体系认证、ISO22000（HACCP）国际食品安全管理体系认证和ISO14001国际环境管理体系认证，并获得农业部食品安全中心无公害农产品证书；

从最初只有黄金梨一个产品，到如今的拥有纸皮核桃、薄皮核桃、圆铃枣、笨鸡蛋、黄金梨、五谷杂粮等多个农产品；

从最初种植面积只有400多亩，到现在的种植面积2000余亩，拥有在山东的邹城、泗水、曲阜、平邑，以及新疆和田、哈密等多个种养殖基地；

……

许忠先用十多年时间，把他的农业蛋糕越做越大，产品越来越多，公司规模越来越大，并打响了"富圣"品牌，使绿色、健康的农产品，极具现代化管理的农业惠泽越来越多的人们。

2008年，邹城市农鑫农产品有限公司被邹城市委、市政府评为"市级农产业发展重点龙头企业"。公司拥有知名的农业技术专家20多人，员工300多人，业务范围囊括各种农副产品的收购、生产、加工及销售等。目前，公司发展势头迅猛，成为邹城市的现代化农业发展的标杆。

许忠先表示，目前农业发展形势较为严峻。因为人工成本和农资成本的增加，使得销售成本有所提高。但他对农业的发展仍充满信心，在未来，他将带领邹城市农鑫农产品有限公司在网上加大推广力度，把品牌做得更好，让更多的人知道富圣牌农产品，吃到他们用心做好的绿色生态无公害产品。　　　　　　　（何依霏）

创业改变命运
——访湖南省益阳市水晶坊创业集团董事长曾勇

我感恩生长在一个伟大的时代,永远怀揣一颗感恩的心,说感恩的话,做感恩的人。一个人创业成功是小成功,帮助更多的创业者成功才是大成功,因为帮助别人就是帮助自己。　　——曾勇

他自幼家贫,却志向高远;

他学历不高,却见识不凡;

他的创业从 16 元开始,历尽风雨终见彩虹;

他没有学过经营学,却将经商就是做人这样一句话演绎得出神入化。

他永远站在对方的角度思考问题,为消费者着想,为经销商着想,他宁肯自己不赚钱,也绝不让客户吃亏。

他不仅用自己的经历书写着"创业改变命运"的真理,更是帮助许多人找到了人生的奋斗方向以及获得成功的方法。

他睿智、坚韧、感恩,他做善事、行善举,将希望带给困境中的有志者,将大爱传播到每一个人的心中。

他,就是湖南省益阳市水晶坊创业集团的董事长曾勇。

从 16 元开始的创业之路

曾勇,1975 年生于湖南省益阳市的一个农村家庭。1992 年考入湖南农机学校,因家境贫寒,他不得不想办法解决学杂费和生活费的问题。一次偶然的机会,曾勇发现学校门口摆地摊卖玉石的生意还不错,于是软磨硬泡地说服老板,将玉石批发给他到宿舍里卖。"当时那些东西都很便宜,学生也都不富裕,所以利润特别低",但尽管如此,曾勇仍然感恩当初那位老人以及那段艰难的岁月,也正是从那个时候开始,曾勇与水晶玉石结下了不解之缘。

1996 年,曾勇中专毕业。然而毕业上班的第一天,他就遇到工厂改制,无奈下岗。因为学历不高,又没有背景,找不到工作的他只好回家务农。然而,家乡却遭遇百年不遇的洪灾,家里所有财产都被洪水冲走了。命运的无情令曾勇差点绝望,但渴望出人头地的决心让他再一次站了起来。"我告诉自己,我还年轻,不努力怎么知道不行呢?"抱着壮士断腕的决心,曾勇怀揣 16 元钱,重新来到了长沙。

"其实我很感激那段时间的遭遇,如果不是生活把我逼到了绝境,也不会有我的今天。"风雨过后,曾勇已经能够坦然面对曾经的磨难,然而在当时,属于他事业的艰辛才刚刚开始。

1996 年,曾勇背着一个大包不分白天黑夜地四处推销水晶玉石,他一天只吃一顿饭,穿最差的衣服,为了省钱,他从不搭乘交通工具,再远的路都只靠双腿来走。稍有收入之后,他以 40 元买了一辆最便宜的二手自行车,又开始风雨无阻地满城转悠。他一家家地去推销,一次次地被拒绝,但他从不气馁,更加努力。终于,经过两年时间,他小有积蓄,在长沙黄兴路找了一家每月租金 3000 元的店面,经过一番简单的装修后,第一家水晶玉石店开业了。

为了节省成本,曾勇白天只在中午吃盒饭,晚上在店里打地铺,面对任何进门的顾客,他都认真地介绍,不放过任何一个成交的机会。在他的努力下,水晶玉石店的生意越来越好,然而,一场突如其来的灾难却让他在一夜间就损失了几万元。"那是 1999 年 4 月的一个晚上,店里除了一棵玉葡萄树因为体积庞大没被偷走外,其余商品都被小偷洗劫一空。"这场劫难让曾勇三年的创业成果一夜间化为乌有。任何人遇到这样的灾难,即使不会从此一蹶不振,恐怕也会消沉一段时间。然而,曾勇却迅速整理思绪,调整情绪,用永不言败的执着重新点燃事业的火炬,重新进货,让水晶玉石店再次正常营业起来。

正所谓"天将降大任于斯人也,必先苦其心志,劳其筋骨……"命运似乎觉得,与曾勇未来将要获得的成就相比,现在的这点磨难还不算什么。2000 年 6 月的一天,曾勇又遭遇了人生的第二次重创,参加广交会的他遭遇抢劫,不仅被 3 名歹徒抢走了随身携带的 47000 元现金和手机,还被打得浑身是伤。"在小诊所缝完针,处理好伤口之后,我到派出所报了案,然后连夜扛着 100 多斤的水晶玉石原料回到了长沙。"挫折从来不能将曾勇击倒,越挫越勇的他以超越常人的坚韧给予了命运最好的回击。

当磨难再也无法将他打败的时候,曾勇的事业终于一帆风顺起来。2000 年初,他在长沙中国城四楼租了一个办公区,墙上挂满了水晶饰品,经过一番装修后开始了新一轮的创业历程。

为了吸引更多的顾客,曾勇在卖产品的同时也非常注重设计,他将一些时尚元素融入水晶玉石中,不断推陈出新,往往新产品一经面世就受到年轻人的热烈追捧。为了打开销路,他从长沙出发,去过重庆的綦江、万州,也去过成都、昆明,还从昆明到了贵阳,从贵阳跑到南宁,甚至越南。一路上,他吃住都在车上,脚一着地就去推销。凭着坚韧不拔以及吃苦耐劳的精神,曾勇硬是闯出了一番属于自己的事业,并迎来了屡屡成功:

2001 年,湖南水晶坊珠宝商贸有限公司正式成立;

2002 年,水晶坊品牌得到社会广泛认可,加盟数量倍增;

2004 年,"水晶坊"加盟连锁项目荣获了中国十大"创业项目金奖";

2005 年 3 月,曾勇获得第四届"全国优秀进城务工青年"的殊荣。水晶坊被评为"2004—2005 年度长沙市消费者信得过品牌";

2006 年,"水晶坊"成为湖南省珠宝玉石首饰行业协会副会长单位。湖南宁乡宝玉石工业园正式破土动工;

2006 年 12 月,"水晶坊"旗下品牌"金玉堂"通过 ISO9001:2000 国际质量管理体系认证;

2006 年 12 月,湖南宁乡宝玉石工业园正式破土动工;

2007 年 3 月,曾勇入选由中国青年企业家协会主编、中国青年出版社出版发行的《创业足迹》一书;

2007 年 4 月,"金玉堂"成为"2007 快乐男声"唯一指定珠宝品牌;

2007 年 5 月,曾勇荣获"长沙市十大青年标兵";

2007 年 7 月, 太平洋建设集团董事局主席严介和担任公司名誉董事长。11月,水晶坊广东惠州生产基地正式挂牌成立;

2007 年 11 月,"金玉堂"荣获"中国十大最佳饰品加盟品牌";

2007 年 11 月,"金玉堂"广东惠州生产基地正式挂牌成立;

2008 年,"水晶坊"成为"2008 星姐选举"唯一指定使用珠宝品牌、消费者放心品牌;

2009 年,"水晶坊"专卖店遍布全国;

2010 年 1 月 26 日, 由世界杂交水稻之父袁隆平教授题词的 "湖南红生态农庄"正式挂牌。2月5日,"水晶坊"被省工商局评为"2009年度湖南水晶饰品行业著名商标",成为湖南省唯一一家获此殊荣的水晶饰品公司;

2013年,"水晶坊"品牌成为中宝协常务理事单位,开辟国际彩宝球渠道。从此,水晶坊走出国门,登上了世界珠宝舞台;

2014年4月,河北宣化水晶坊文化产业园项目签约;

2014年9月,湖南科技职业学院金玉堂珠宝学院正式招生;

2014年10月,曾勇获得"2014年中国时尚饰品行业年度创新人物奖";

2014年11月,"金玉堂"成为中国水晶行业协会副会长单位;

2014年11月29~30日,第十一届水晶财富论坛暨行业产业研讨会圆满结束;

2015年5月,湖南韶山水晶珠宝文化产业园项目签约;

2015年8月,湖南公视市发现栏目报道"金玉堂"工厂《砸中命运的石头》;

2016年11月,金玉堂公司韶山产业园破土动工,项目正式启动;

2017年5月,金玉堂公司打造全网第1家"网红直播"门店销售水晶彩宝。

互助共赢才是发展之道

近十年来的统计数据显示,中国的珠宝业已经步入了高速发展的黄金时代。2014年,中国珠宝首饰行业销售总额超5000亿元人民币。2015~2017年,全球珠宝首饰市场的需求仍在持续倍增。在此大经济背景下,每年都有成千上万的新人投入到珠宝行业中来,市场竞争也开始变得日益剧烈。想要在市场中站稳脚跟就必须有过人之处。曾勇,这位从没学过经济学,也不懂课本上经营之道的水晶玉石商人,长久以来只相信一个原则,那就是——互助共赢才是发展之道。

"库存大、销量小、回头客少是水晶玉石行业共有的难题。"对此,曾勇放宽眼界,看得更远。他认为,单打独斗迟早会被市场淘汰,想要经受住市场的考验,就必须抱团取暖,拥有强大而有力的团队。

"我所说的团队除了公司自己的团队之外,还包括我们和代理商共同组成的一个大团队,我聘请再多的销售人员都不如将全国的代理商联合起来卖得货多。"但如何将全国代理商联合起来呢?曾勇说,"除了保证产品质量外,要让代理商觉得有钱可赚,每个人都要生活,都有必须承担的责任,光靠吹牛画饼是不可能长期留住人的,要让他们心甘情愿地卖我的产品,就要让他们觉得卖我的产品能挣钱,风险小,有利可图。"

简单质朴的话语道出了曾勇的制胜之道,他不求从一位代理商的身上一夜暴富,他只求大家能够互相帮助,共同获利。

曾勇打破传统开店模式,推出创业扶持、创新营销共创模式,只要对方有合适的经营场所,具备一定的项目启动实力,他就会以相应的现金来帮助投资者解决店铺租金、店员工资、广告宣传费等问题,代理商可以享受到两年时间的现金创业扶持(4500~15000元每月),以及每年价值超过16万元的创业课程培训学习及一对一专家指导创业(包括产品知识、风水五行、销售技巧、店铺运营、演说成交、创业兵法等课程),同时,公司还会派出专业的珠宝顾问下店指导运营,现场传授终端门店销售技巧、培训业务流程及产品销售技能等,并在门店独立运作后,继续不定期地巡店指导服务,帮助加盟店解决运营问题,提供相关的经营管理建议。

经过多年的发展和不断创新,水晶坊已经拥有了职能分工明确的客户服务部门,包括行政部、财务部、设计部、人事部、市场部、客服部、物流部、研发部。为门店从前期选址到开业筹备直至日后的正常运营提供完备而全面的支持服务,形成了包括门店体系、培训体系、支持体系和管理体系四位一体的支持服务体系。

该体系保证代理商投入资金5~100万元后,在2~5年内可获得50万~1000万元的业绩回报,并且承诺在达成合作的3~6个月内,如果代理商觉得项目不合适,可以向公司申请中止合作,公司将收回所有未售出货品结算余款,确保将代理商的创业风险降到最低。

帮助别人就是帮助自己

2014年,一篇题为"岳阳19岁女孩大学辍学,变'槟榔西施'月入过万"的报道被各大门户网站转载,主人公黄金柱因为自己成功的创业经历被多家媒体采访,当被问起成功之道时,这位年轻的湖南女孩提到了一个人,他就是曾勇。"我的人生是从聆听曾勇老师的创业演讲开始改变的,老师教会我如何组建团队,用团队的力量取得个人无法获得的成功。"

"在40岁前,做1000场创业演讲,50岁前,开1万家实体店,60岁前,帮助1亿中国人成功就业。"在曾勇的新浪微博,他无比认真地写下了这样一段话。

这样一句话不是空谈,也不是哗众取宠,而是曾勇为自己定下的人生目标。

也许是因为始终不曾忘记创业路上经历的艰辛与磨难，也许是曾经也有过"要是有人能帮帮我就好了"的念头，成功之后的曾勇决定帮助更多的人。

曾勇不仅是一位杰出的企业家，还是一位超级演说家。二十多年来，他毫不吝啬地将一路走来的经验心得，通过义务演讲的方式，带到了全国各地的大学校园以及农民工的培训课堂上。他在全国超过 200 所的大学校做过创业辅导励志演讲 1100 余场；曾担任许多大学的客座教授、大学生创业评委，为青年大学生进行创新创业点评，听过他创业演讲课程的学生超过 50 万人次；他被 80、90 后青年学子尊称为"创业教父"，获得了"中国十大创业金奖""中国优秀进城务工青年""中国青年创业奖""中国优秀青年创业导师""湖南省青年企业家协会副会长""湖南商学院客座教授"等荣誉。

"用感恩的心做人，用爱心来做事业。"在《创业改变命运》一书中，曾勇写下了这样的话，他号召所有有志青年创业者携手为中华崛起而创业。

2008 年 4 月，曾勇作为中国优秀青年创业教育导师，在四川大学、西南财经大学、西南交通大学等高校演讲；

2008 年 6 月，曾勇荣获"2007 年度长沙市青年企业家协会优秀会员"；

2008 年 9 月，曾勇受聘担任由团中央、中国科学技术协会、教育部、全国学联举办的中国大学生创业计划竞赛评委；

2008 年 10 月，曾勇荣获"长沙市优秀青年创业导师"称号；

2008 年 12 月，曾勇荣获"2008 年中国优秀青年创业教育导师"称号；

2010 年 9 月，曾勇担任《创业大本营》决赛评委；

2016 年 5 月，金玉堂公司开启第一届《会拼才会赢》课程，并持续每月开课；

2017 年 6 月，金玉堂公司开启第一届《创业兵法》课程；

2017 年 7 月，金玉堂公司开启第二届《创业兵法》课程。

……

"每次做演讲，我都收获了很多正能量，而且能结下很多善缘，有一些人听过我的演讲后，就成为我的代理商。"信佛的曾勇相信，存善念、做善事，就一定能够收获善意的回报，因为帮助别人就是帮助自己。未来，他将一如既往地在帮助别人创业成功的这条道路上走下去，同时在水晶玉石方面，精准产品定位，研究年轻人的兴趣倾向，推出更多的时尚产品，抓住主要消费群体，聚合厂家，打造一个更加宽广的互助共赢平台，继续属于水晶坊、属于曾勇的辉煌……　　　　　　（何依霏）

独守在实木家具行业里的匠心人
——访天津市木点家具有限公司董事长李连凯

如果一个人的人生目标是要活得潇洒、活得自然、活得踏实,活出丰富多彩人生的话,那么,他走过的路、经历过的故事足以让我们惊叹。

从拳击手到花式调酒师,再到木工、油漆工、电厂工人,最后成为一家公司的掌舵人,多种不同角色的转换,让他的人生变得充实、完美。

多年的磨砺演绎了他精彩的人生,他没有给自己的青春留下任何遗憾。我们不知道,隐藏在他体内的是一种怎样的力量,但我们看到了他身上散发的傲气,看到了他对事业的那份执着、坚持。

他,就是天津市木点家具有限公司董事长李连凯。

有着20多年的创业经历的李连凯头脑灵活、触觉敏锐、性格直爽,谈笑间,随和、洒脱、幽默风趣的气质彰显出他独特的个人魅力。

选择创业,只为不给人生留遗憾

1970年出生在天津市的李连凯,如今是天津市木点家具有限公司的董事长,在别人看来,他的事业是成功的,他的人生是完美的,然而,在他灿烂辉煌的背后,却掩藏着许许多多鲜为人知的苦痛和艰辛。

也许正因为这种苦痛和艰辛,他所取得的辉煌,才更令人敬慕、向往和尊崇。就像我们的生命,只有经历了漫长的跋涉、坎坷,才能登上峰顶看到无限风光。

李连凯是个有故事的人,有很多让他终生难忘的人生经历。

萨特说:"青春这玩意儿真是妙不可言,外部放射出红色的光辉,内部却什么都感觉不到。"

浪子无羁、浪子思维更具杀伤力,在实践中,拥有这种思维的人往往能达到出奇制胜的效果,为自己设定一个较低的预期,以便营造更大的发展空间。

19岁时,血气方刚的他去拳击俱乐部做了一名拳击手,靠打拳赚钱,没日没夜的练习,血和泪洒满擂台,其中的苦和痛只有他自己清楚,一年多的磨砺,他的实力决不亚于当时 62 公斤级别的全国拳击冠军。

20 岁那年,青春激昂的他去酒吧打工,当时酒吧大多是外国人经营的,大多属于英文酒吧,在那里工作必须要懂英文,会说英语,于是,他苦学英文、苦练英语,还利用闲暇时间自学"花式调酒",通过一个多月的勤学苦练,成为一名一流的花式调酒师。

"当时,我是国内最会玩瓶子的人,香港、广东的很多酒吧的老板都高薪聘请我过去做花式调酒师。"谈到那段经历时李连凯骄傲地说到。

李连凯是个有思想、有规划的人,他能很好地把握自己的人生方向。

"青春期一过,年轻人那颗自由不羁的心就该收一收了,那时,我才意识到自己不能这么游荡了,该找一份稳定的工作了,哪怕工资不高,会理财,合理分配就行。"李连凯讲起从酒吧离职后的心迹时说到。

离开酒吧后,他去做过木工、油漆工,最后去天津市电力局做了一名工人。

然而,他有一颗不安分的心,他不甘心这么安安稳稳地度过一辈子,在电力局工作几年后的他,决定出去闯一闯。

他想:"凭着自己一腔热血,通过努力拼搏,一定能够闯出属于自己的一片天。"

单凭着几年的木工、油漆工的工作经验,李连凯决定进入家具行业。

机缘巧合,他认识了一个来自山东、做装修的农民工,由于兴趣相投,两人一拍即合,于是,李连凯决定投资建厂,做实木家具。

接着又找了 5 个做装修的农民工一起加入。就这样,1999 年,李连凯带着 6 个农民工,创立了天津市木点实木家具有限公司。

"一旦确立了目标,就会'玩命'去实现它,这是年轻人的特性。而且,男人必须去创业,不然会给自己的人生留下遗憾,等到老了的时候,回忆自己的人生是一张白纸,是男人最可悲的事情。"李连凯谈到自己创业的初衷时语重心长地说。

不忘初心,做良心实木家具

"如果一个人想过正常人的生活,最好不要去创业,创业者怀着满腔热血去创业,结果等不到成功,热血喷不出来,心就凉了。"李连凯在讲述自己创业经历时说的一句话,道出了他从业 20 多年来的心声。

实木家具行业属于低端产业,实木家具市场鱼龙混杂,竞争十分激烈,李连凯对此心知肚明。家人、朋友都劝他不要涉入这个行业,同行也对他冷眼相待,然而,他已下定决心,没有人能阻止他追求创业的梦想。

有人说,挑战与机遇是并存的,而机会只留给有准备的人。

他靠着坚韧不拔的意志、睿智清醒的头脑,面对别人的冷眼,他不理会;面对工作压力,他不抱怨,一直坚守着做良心实木家具的初心,每天一点点的进步就是对自己的肯定。

他谈创业遇到的艰难时说:"创业艰难是每个创业者的人生必修课。"

李连凯具有北方人的豪爽、耿直,既善于洞察商机,又讲求实效,从不夸夸其谈,而是亲力亲为、踏实苦干。他不忘初心,专注于环保健康,只做良心实木家具。

从创业到现在,他一直秉持做环保健康的实木家具的信念,他看不惯那些家具企业以低碳环保为噱头的宣传、营销方式,犀利地指出实木家具行业存在的种种弊端。

他牢牢地坚守着个人职业操守,心甘情愿地做一个独守在实木家具行业里的匠心人。

他对实木家具行业看得很透彻:"无论哪个行业都会有黑心厂家,实木家具行业也不例外,为了追求暴利,黑心厂家生产的实木家具在选材、制作、胶装、涂装等环节都藏有猫腻。"

当我们迫切想了解实木家具行业存在的问题时,李连凯道出了其中玄机。

他说:"一些厂家为了压低成本,获取暴利,动起了歪心思,他们购买来不宜用于家具生产的木种,通过液压给药、给胶等技术,降低木材含糖值或改变密度,使原来不适合做家具生产的木种为他们所用,而且这种液压、注胶的木材永不开裂、不变形。然而,液压给药、注胶成本是多少?残留到木材里的药液、注胶又有多少?这种木材甲醛释放量到底是多少?作为客户,通过肉眼去看、去闻味道根本无法辨别。我们公司始终选用传统木材为原料,一些不太知名的、比较陌生材质的木材,我们都会慎重考虑。"

在家具市场上,经常看到一些商家标榜其产品是零甲醛,在李连凯看来,这是不现实的,因为如果想要根除甲醛污染,需要先进的技术,经过多道程序,这一切需要大量的资金支持。"在竞争激烈的家具行业,很多厂家不会投入大量的资金用在这个上面,那样做的话,他们是亏本的。"李连凯分析道。

"作为一个工厂来说,想把东西做得既环保又漂亮,比较难。"面对鱼龙混杂的实木家具市场,李连凯感慨道。

就拿家具涂装来说,市面上很多厂家标榜使用木蜡油、水性油漆,标榜环保,对人体没有任何伤害,其实,这都是个噱头,李连凯解释说:"水性漆本质上还是油性涂料,加了一些化学药品,做到油水转换,最后厂家就打造了一个可溶于水的油漆的概念,实际上它的组成部分还是油性漆。"

李连凯就是这样一个直爽的人,他敢于戳破谎言,敢于说真话,他口无遮拦,只是为了让更多消费者明白其中暗藏的玄机。

李连凯从业20余年,一直经营实木家具,他生产的实木家具,其原料都是精选几十年、近百年的传统常规木材,从来不会使用注胶木材,涂装上,他会不惜成本,购买一些纯天然的木油,正规的水性涂料,只有这样,做出来的家具才能既实用环保,又美观大方。

有人曾质疑李连凯如此经营,盈利点在哪里?

他坦言道:"指出实木家具行业水很深,微利、暴利在于卖家的个人操守,操守不一样,利润自然不同,但如果按现在的状况发展下去,这个行业的前景并不乐观。我们应该带动其他行业协同发展,如医疗、殡葬等行业。"

登高望远,扬帆再起航

近些年,"绿色消费"席卷全球,简约适度、绿色低碳、环保健康的生活方式已经成为现代人追求的理想生活。

随着我国逐年加大对环境的治理和保护力度,现在实木家具行业市场竞争越来越激烈,家具市场行情惨淡的现实,已成为每一个家具企业不容回避的难题。老板跑路、经销商生意难做几乎成为当今实木家具行业的"主旋律"。

很多做实木家具的中小企业经营不下去,关门不做了,有些企业需要进行转型升级,同时,留下来的实木家具企业不仅要参与国内同行的竞争,也要面临印度、越南、新加坡等东南亚国家产品的挑战。

"越南、印度、新加坡等国产品的介入,无疑让实木家具行业竞争得更加惨烈,这些'舶来品',同等质量的产品,其价格远远低于国内实木家具企业产品的价格,加上他们生产的很多产品的质量远远高于国内产品,这无疑增加了国内实木家具企业经营难度。"李连凯感叹。

然而,面对国内实木家具行业的困境,在实木家具行业摸爬滚打20余年的李连凯深知其味,他也曾考虑这么坚守值不值得,但是他身上那种永不服输的精神告诉自己,"一个人可以被毁灭,但不能被打败。"

他登高望远,决定扬帆再起航。

"出去拼搏的人,没有下午茶。"这是李连凯经常说的一句话。

打破才能得生机,只有打破旧思维的桎梏,思路才能打开,看到光明。面对疲软的实木家具市场,李连凯运用这种"司马光思维"去经营自己坚守的事业,永远把踏踏实实做好高品质的实木家具产品放到第一位。

当今,有相当一部分家庭追求回归自然,把关注的焦点放在了环保、健康、时尚、舒适等更趋于人性化的方面,他们喜欢购买一些这样的实木家具去装扮温馨的家。

李连凯眼光独到,他决定打破传统,对未来的发展方向做了精准的定位:将传统的实木家具与现代时尚文化融合起来,加入科技功能元素,让产品时尚、典雅又不乏舒适,演绎出全新的现代实木家具新风尚。

当我们问及公司实木家具产品将选择哪种营销模式时,李连凯信心十足,说:"七八年前,我就通过自己的淘宝店进行网络销售,2010年、2011年这两年,实木家具产品淘宝年销售冠军是我,接下来,我将不惜重金把淘宝店经营好,让更多的人购买我们的实木家具产品,给更多的消费者送去健康、舒适、幸福,做好生态文明建设的重要参与者、贡献者、引领者。"

实木家具行业面临危机是机遇也是挑战,只有在危机中把握机遇,时时求主动,处处占先机,才能真正突破自我,实现新的跨越。

不忘初心,方得始终,站在风口浪尖上,爱拼才会赢,我们坚信李连凯依旧会在实木家具行业中青梅煮酒论英雄,将会以永不懈怠的精神状态和一往无前的奋斗姿态披荆斩棘,赢得每一次挑战。

(何依霏)

让精美家具扮靓品质生活

——访东莞市思派德木器制品有限公司董事长陈石敏

　　他，机敏睿智，有着超人的韧劲和坚强的意志，在一次次困境面前，他一次次挺过。他是一位热血青年，十几年的农村生活在他身体内嵌入了坚毅、果敢、永不服输的因子。他怀揣梦想，立志要开创一份事业。他不畏困难，艰苦创业，从零起步，做到两个企业的领头人。他与时俱进，从传统销售模式的危机中，通过迅速转型电商、网络营销，快速发展跟上了时代，走向了成功，创造了辉煌。他叫陈石敏，是东莞崧弘家具有限公司和东莞市思派德木器制品有限公司两家企业的董事长，他先后被授予"中国优秀民营企业家""湖南商会杰出湘商"、蓝山县"五四青年致富带头人"等荣誉称号。

　　每一个成功者的背后都有一段鲜为人知的故事，让我们走近陈石敏，来领略他的成长心路吧。

志存高远 大鹏展翅

　　陈石敏出生在湖南省蓝山县的一个普通农村家庭，改革开放前家里生活很是贫困。迫于生活的压力，不到 20 岁他就到东莞的一个家具厂做工，每天早出晚归，在挣钱养家的同时，学得了一手制作家具的技术，并渐渐的他喜欢上了这个行业，那些粗糙的木头，经他们的巧手，就变成了精致美观的沙发、桌子、椅子、柜子、床……他聪明能干，心灵手巧，很受老板器重。开始让他做带班，而后又让他做生产主管。他看着、用着经他们巧手制作的这些美观、舒适的家俱，心里惬意极了。他想，人人需要家具，家家需要家具，家具是人们日常生活的必需品，使用精美家具更是精神上的享受，也是一个家庭层次的象征。家具不仅是生活用品，也是艺术品。他每天看着那些被他赋予了生命的木制家具，有一次突发奇想，家具制作的全套工艺自己都熟悉，何不自己开家工厂，做自己的老板。一连几个夜晚，他辗转反侧都在思考自己办厂的事。决心已下，说干就干。2006 年陈石敏申领营业执照，购买了设备,招聘了几个工人,挂起了东莞崧弘家具有限公司的牌子,红红火火就开张了。初期,他除自己生产家具销售外,还为国外代加工。凭着多年美式家具方面专业制造及生产经验,他被公认为是手工精湛的家具厂商,为全球高端人士别墅、豪宅提供美式的舒适家居生活。一直到 2007 年,这时电子商务已经兴起,他审时度势,果断的进军互联网销售,成为国内最早发展电子商务平台的名企业之一。现在,他旗下拥有雅居格、慕艺柏、邦美森、美刻嘉等四大家居品牌。公司每年规模都以翻倍的速度迅猛发展,其中,雅居格品牌以专注做好美式家具,以奢华、低调、时尚、优雅的设计理念。

在谈到他是依靠什么在家具市场站稳脚跟的,他说,他为企业制定的理念是:诚信为本、以客为尊。这么多年企业一直遵循这个理念前行,赢得了广大客户的青睐。

谈到此,陈石敏感慨地说:"我刚进入社会,接触的就是家具行业,因此始终不忘这个'初心',我相信,只要坚定信念,专业人做专业事,必定能实现自己的事业梦。"

慧眼识珠 抓住商机

陈石敏的企业办起来了,可"商场如战场",一家新的公司要在激烈的市场竞争中占得一席之地并非易事。2004 年出现美国对中国家具产品的反倾销,严重影响了家具出口的销量。2007 年底世界金融危机的爆发,他的产品外销又受到很大影响,没办法,就只好出口转内销。他为了争取用户,千方百计地在产品物美价廉上下功夫,努力做到薄利多销,让所有人都可以用得上昂贵的美式家具,就这样,企业勉强度日。

寒冬再长,春天总会到来。这时,他突然发现,由于金融危机的影响,不少经营困难的家具企业廉价出售自己的家具。机不可失,时不再来。陈石敏当即决定多方筹集资金,将这些 OEM 的尾货家具收购运回厂中,对这家具进行加工、包装、销售等,就这样在 2007 年雅居格品牌创立,同时成为首批入驻淘宝的商家。对此非常感慨,相对于传统渠道来说,认为厂家直销更具有价格优势。一方面有接触国内的家具专卖店,另一方面我们有在运营淘宝店,就这样开始走上电商之路。他凭着自己的聪明才智,加上他多年累积的人脉资源,当年就赢利约 100 多万,这大大增强了他办好企业的信心。

紧随潮流　出击电商

初期经营淘宝店的时候,因没有经验,每一步都是自己去闯、去"碰壁",慢慢地,他积累了经验。产品摆上去,在网上为客户介绍产品,介绍公司,和客户讨价还价。前期创建电商运营小组仅几个人,后来他根据缺什么样的人才,就招一些什么专业毕业的大学生进行培养,经过几年发展,他的电商运营团队已发展壮大到 100多人。

销售迈开了双腿,企业迅速发展。2010 年,他又创办了东莞市思派德木器制品有限公司。一方面有国内家具专卖店,另一方面有淘宝店运营,公司做系列库存卖现货,并继续提供样板房、别墅、会所、售楼处等家具配套方案,家具定制服务,原料加工。

笔者问:"公司的电商团队有 100 多人了,您是如何管理的?"

陈石敏爽朗地回答:"第一,老板一定要懂。不懂可以去学,而且要学精,始终保持勤奋和学习力。第二,人性化管理、KPI 考核公平公开公正,用机制管人,完善培养机制,注重团队、双赢为主。现在不少企业都在使用薪酬等"绑定"人员。其实企业发展越大绑定越少。因人才的竞争很激烈,人员跳槽或者被挖,企业要付出的代价是很高的。以前是人管人,现在是机制管人,我们每个部门、岗位都有培养机制,给他们提升空间,使他们清晰的认识岗位,让他们觉得有前途,就能留住人。第三,管理层与员工要互动,人性化管理,领导和下属,同事和同事更有家人的味道,工作生活中彼此多关心照顾。我是他们的领导,同时更是他们最可靠的家人。"

"从单一的订单制造逐步向定制化生产,品牌建设的模式如何转变?如何将线上和线下结合?"我兴趣极浓地问道。

陈石敏回答:"第一是线上和线下的价格统一;第二是线上交易,线下服务。"他们前期是订单生产,刚开始他们为接到更多订单,低成本接单,内部消化,每月营业额从 20 万元到 50 万元,工厂的设备和销售的配置都一步步在提升。因需要资金、团队的过渡,到了 2010 年团队慢慢壮大。因家具生产周期比较慢,企业后来与物流合作，更加注重服务，所以就做了搭配系列的库存，讲究发货率和服务。2011-2012年快速发展，现在的布局是国内电商、跨境电商和线下实体等订单，统一由供应链公司安排旗下工厂生产。

因运营电商和工厂的思维不一样，电商团队难管，后来，他们将管理模式合一，把员工的切身利益与公司的经济效益紧密地结合起来，从而调动了员工的积极性，公司日益增长，脚踏实地打好基础

我问："是否会有客户对网上购买家具有顾虑，如何解决？"

摆出来的家具是成品，看不到里面的材质，对此，经常组织客户免费到工厂参观，在上海、长沙、武汉等地相应开了直营专卖店，解决消费者的担心和顾虑。现在交通方便，经常有四川、贵州、东北等地的客户一家人特意坐飞机来公司，看家具是怎样生产的。现场商量整体的搭配，公司派专人接待服务，现场参观加上专业的讲解，解除了他们的疑虑，客户对他们非常放心。现在他们每天都要接待很多来旅游参观的顾客。他们这样解决了实体店和网上购买的信任度问题，有些客户在挑选品牌时，会先购买一个小件家具来看质量，经过考察，确信货真价实之后，再买大件家具。

陈石敏说，"我们从2010年转型互联网直销，经过创新模式、艰苦创业，2014年雅居格品牌3年内成为互联网欧美家具销量最好的品牌之一。我们现在的模式特点——O2O模式。O2O的优势在于把网上和网下的优势完美结合，让消费者在销售线上优惠价格的同时，又可享受线下贴身的服务，2013年O2O进入高速发展阶段，开始了本地化及移动设备的整合完善，于是O2O商业模式横空出世，成为O2O模式的本地分支。"

家具是家庭的一个话题，从买房到装修，一段时间整个家庭都围绕着家具，每天都要问、要看、要议论的，客户会反复思考，反复比较。雅居格相应提供了免费全屋设计服务，科学、合理的精心设计让客户感受到了我们的贴心服务，从而更有感觉，购买我们的家具是物有所值，所以家具故事就是家庭故事。

功夫不负有心人。经过十多年的拼搏，陈石敏的公司目前已是集设计、研发、生产、销售、服务于一体的多元化企业，占地面积约10万平方米。他凭着多年制做美式家具的丰富经验，被同行公认为是设计前卫、做工精湛的领先家具厂商。他为全球高端人士别墅、豪宅提供美式的舒适家居生活；以专注做好美式家具，以奢华、低调、时尚、优雅的设计理念；人性化的售前专家设计、售中制定服务、售后深

入维护为顾客营造一种蕴涵至深的新生活。公司旗下有四个品牌在天猫旗舰店运营,其他品牌主打线下。未来我们不仅是保持,更要超越。同时与合作伙伴互相扶持,合作共赢。

善念仁心 回馈社会

"守法经营,有益社会"是陈石敏的座右铭。在艰苦创业的同时,陈石敏也一直热心公益事业,他经常到水口敬老院看望那里的老人,为他们捐款、捐物;为家乡集资办学、架桥修路,向希望小学捐款达 10 余万元。

2010~2014 年,他连续四年荣获水口敬老会金奖。2013 年获永州市蓝山"8.16"捐款"爱我蓝山"奖。陈石敏还主动联系洪观办事处政府工作人员,资助了三名贫困学生完成学业。

那年他和一些同事回到他小学的母校,在课堂上和同学们见面,这时他的心情是非常激动的,一晃几十年过去了,好些老师都退休了,同学们天各一方,做什么工作的都有,在不同的岗位上为社会做着奉献。他告诉同学们自己是做什么工作的,以前是坐在课室的哪个座位。就是在这个学校,他学到了知识,学到了文化,成为对社会能用的人。他感谢母校,感谢老师,他寄语小校友们,让他们好好学习,天天向上,始终保持强烈的上进心,从小主养成争最佳、创一流的习惯。希望他们有远大的目标、创新的思维和坚定的信心,因为他们都是好苗子,只要认真学习,把为人民服务的本领学到手,将来都能成为社会未来的栋梁。

淡看荣誉 放眼未来

陈石敏把全部心血都用在事业上,赢得了业内人员的高度评价,受到乡亲们的广泛赞誉。自 2008 年以来,他先后担任东莞电子商务协会副会长、东莞市湖南商会副会长、东莞大岭山家俱协会理事会副会长、东莞大岭山个体私营企业协会理事会副会长、湖南蓝山驻粤团工委副书记等职务。由于他对社会做出的贡献,他先后被授予"中国优秀民营企业家""湖南商会杰出湘商"、蓝山县"五四青年致富带头人"等荣誉。2016 年 1 月 16 日,东莞市湖南商会为杰出的湘籍企业家在东莞体育中心举办了一场盛大的颁奖典礼。陈石敏在会上受到了嘉奖。

谈到荣誉，陈石敏说："那是对我的鼓励和鞭策，那只能说明过去。"作为一个拥有开拓眼界，不断创新的成功型企业家，作为一个千人团队的精神领袖，走在O2O的最前沿。未来的规划格局正在不断拉开，新一轮的优胜劣汰还在不断考验所有人，陈石敏也在思考更长远的发展目标，用更多的创新去应对新时代的挑战和机遇。他说："第一，线上产品的品质要与线下的保持一致。第二，通过销售扩大品牌知名度。第三，在保持正常运转和盈利的情况下，把更多的优惠留给消费者，品牌为王，宁愿不赚钱，不可失信誉，第四：品质不断改进上进，创新能力为主，第五：5星级服务理念，让客户觉得温馨、贴心的服务。"

经过这些年的拼搏奋斗，陈石敏的企业已经颇具规模，而且他有把企业进一步做大做强的远大志向，他说："我们已经创立了自己的4个独立品牌，形成了8大风格，建有2个自有工厂，也要脚踏实地打好基础，我们有理由相信，有志者，事竟成。陈石敏一定会在创业的道路上越走越远，越走越稳。

对于青年人创业，他建议：先勤奋学习，积累半年或一年以上的经验，有条件再创业。第二，先把人做好了，做事才会成功。做事也是做人，体现在为人处事、与人沟通、人际关系等等，把这些方面做好了，要请别人帮忙也是容易的。

海阔凭鱼跃，天高任鸟飞。改革开放三十多年历程中，企业家是最具活力和创造性的弄潮儿，在推动经济发展中扮演重要角色。艰苦奋斗、勇于创新、敢于担当，是他们最为可贵的精神特质。当前，步入新常态的中国经济正处在转型升级、爬坡过坎的关键时期，时代召唤广大企业家振奋精神、放开手脚，闯出一片新天地。

祝愿陈石敏和他的东莞市思派德木器制品有限公司、东莞崧弘家具有限公司百尺竿头，更进一步，在家具制造领域为实现中华民族伟大复兴的中国梦贡献更大力量。

（孔 菡）

宝刀未老创品牌　赤子之心送健康

——访北京月亮湾技术推广中心云伴月品牌创始人芦树林

　　提起颈椎病,患过的人总是苦不堪言。要知道颈椎是连接头部和身体的纽带,颈椎病一旦发作,就会引起颈部酸痛、四肢麻木疼痛、行走无力、头晕目眩等症状,给日常生活带来困扰。严重的患者还需要进行手术治疗,但多数情况下是治标不治本。晚上睡觉稍微不舒服一点,颈椎病就会再次发作,愈演愈烈。

　　通常,大家都认为颈椎病是由于长期伏案工作造成的,殊不知晚上睡觉时,枕头枕的舒服,就能让颈椎得到很好的休息,大大降低得患颈椎病的几率。市面上的枕头产品很多,但真正能让用户枕的舒服,并有效缓解颈椎患者症状的却少之又少。

　　今天,就让我们与北京月亮湾技术推广中心云伴月品牌创始人芦树林聊一聊他独家研发的颈椎修复枕有哪些独特之处,以及背后的故事。

一个简单想法,开启事业之窗

　　作为一名普通的退休老人,芦树林本来可以安享天伦之乐了,但喜欢钻研的他即使退休了也没有停止学习研究新事物的步伐。当他了解到他的岳父由于耳鸣和晚上睡觉枕头不舒服,饱受神经衰弱的影响时,为了缓解岳父的症状,让岳父晚上能够睡得好,他就自告奋勇地开始了改良枕头的研究。谁能想到就是这样一个简单的想法,开启了他在国内颈椎修复枕领域的一片天地。

　　说起来容易做起来难。枕头看似构造简单,但由于它承载的是人的头部和颈椎肌肉区域,所以涵盖的内容很多。为了让岳父在晚上睡觉时达到放松安神和缓解症状的目的,作为一名从来没有学过医学的退休老人,芦树林决定从头开始,从书上、从网上搜索资料学习,深入了解人的颈椎肌肉构造和枕头物理性、材料学、流体力学方面的知识,并把琢磨透的知识用在实践当中,尝试对枕头进行改进。

　　当他把改良过的枕头送给岳父后,岳父对他的枕头连连称赞。芦树林的其他亲戚知道了这件事情,也找上门来想让芦树林帮忙改一改枕头。就这样,芦树林由一个单纯的"学生"变成了他们家资深的改良枕头专家。在历经初期的探索和后来的深度研究之后,芦树林对于枕头的物理作用、材质性能和颈椎方面的医学知识如数家珍。亲戚们收到枕头用后也觉得非常不错,纷纷反馈说枕头松软,安神助眠,并有效缓解了颈椎的老毛病。历经一番辛苦得到这样的评价,芦树林自然是心里乐开了花,但有一天他阅读报纸,了解到中国还有很多人正在饱受颈椎病的困扰却没有合适的方法来缓解时,灵光乍现,"既然我研发的枕头可以有效缓解颈椎病,为什么不推广出去让大家都能用得到呢?"

当他把这个想法告诉家人之后,却引起了老伴的强烈反对甚至联合全家人来阻止他。觉得他一把年纪了,没必要如此折腾。

全家人的极力劝阻并没有让芦树林停止继续研发枕头的脚步。"虽然我已经退休了,但人老心不老。我自行研发的修复枕既然对缓解颈椎病有显著的效果,那就让全国人民都有机会用得上,也算是一件非常有意义的事。"

说干就干。为了让自己的产品更具权威性和说服力,芦树林一趟趟地奔波在申请专利的路上。是金子总会发光,芦树林的颈椎修复枕在 2009 年成功申报专利,并获得了来自国内顶尖专家认证的"此枕毫无任何副作用"的鉴定书。虽然获得了如此高度的评价,芦树林并没有停止改进修复枕的步伐,因为他坚信学无止境,做一件事情就要做到极致。于是在对自己研发的枕头进行外观和功能上的调节之后,芦树林再次拥有了关于修复枕的另一个专利,并在 2010 年成立了北京月亮湾技术推广中心,正式推广"云伴月"品牌颈椎修复枕,旨在通过自己的努力,让大家都能用上自己研发的颈椎修复枕。

用心打磨产品,只做独一无二

眼下,很多人都会忽视枕头带给人们的睡眠体验和肌肉调节的影响,笔者也不例外。

当笔者询问芦树林关于这方面的知识时,他说:"其实晚上睡觉枕头的高低,会对颈椎和身体产生很大的影响。因为晚上睡觉脸和身体平行,如果枕头不舒服,当后脑勺陷到枕头里时,颈椎关节会变形压迫血管神经,并引发颈椎病和一系列并发症。有国外报道称，如果睡眠的时候头变形支撑不合理，把血管拉弯形成斑块，还会造成脑中风等恶性症状。"

基于此，芦树林在研究颈椎修复枕时，在枕头横向中间位置采用上下通透设计，彻底解决了传统枕头表面张力对人头部的反作用力，有力地改善了整个头部的血液循环，随之产生的空间也加大了空气流通，达到睡眠时头部凉爽的效果，有效缓解了颈椎问题；枕头内部特别填充采集于高山溪水边的北方小叶香蒲，具有很好的韧性、稳定性和吸湿性，不仅对颈椎修复促进睡眠有很好的作用，还是最理想的绿色环保枕头填充料，更适合过敏性体质的人使用；在枕头的表面材质上，由于要保证枕头材质充分贴合人体，芦树林特意从南方独家订制目前在海绵里最为高档的乳胶颗粒。芦树林还根据不同人的身高设有不同的枕头规格，保证在晚上睡觉时让修复枕对不同身高的人都能起到合理支撑高度的作用。而对于枕头在使用一段时间之后物理性会慢慢消退的问题，芦树林也做了独特的设计，在枕套上带有可调节的短绳，当枕头塌陷时，拉着短绳往里一紧，枕头就会恢复原来的高度。

经过芦树林对于枕头细节的不断调试，只要是买过芦树林的"云伴月"颈椎修复枕的客人都对枕头赞不绝口，并纷纷回购。有些酒店甚至专门采购芦树林的枕头，作为客房专用枕。看到越来越多的人因为自己的潜心研究而受益，芦树林心里无比自豪。一些网站和电视台的记者也争相邀约采访……

然而在眼下的中国，只要有一件产品畅销，市面上马上就会出现很多同类产品。当笔者询问芦树林是否有这样的担忧时，芦树林则显得自信满满："我一点都不担心同类的产品会对我产生竞争压力，因为我研发的枕头无论从材质、填充内容、造型上来说都是独一无二的，并且我也申请了专利，把颈椎修复枕琢磨透了才敢在市场上卖。可以说我是真真正正地在用心打磨一件产品，这是任何山寨的同类产品比拟不了的。"

芦树林的自信，来自于产品的质量和不可复制性。

期待合作销售，誓为国货争光

当笔者与芦树林聊到他的颈椎修复枕的近期发展状况时，芦树林则显得有些痛心："虽然有一部分人已经通过买我的枕头使身体受益，但大部分人还是对我的产品持质疑态度,认为自己国家研发出来的产品肯定不可能有那么好的效果。并且很多老百姓在购买枕头时都会买便宜的,反而会对他们的颈椎产生越来越不好的影响。到头来还要去医院花更多的钱治疗,得不偿失。并且目前也只有我一个人负责研发、制作,没有太多的精力来专门做营销,做推广,所以大部分人对我的产品还是不了解的。所以也期待有专业的营销团队来和我一起把健康带给更多的人,为国货争光。"

在与芦树林长达一个半小时的采访里,笔者能深切地感受到他对于研发上的执着和只想把健康带给国人的赤诚。就像他原话说的那样:"我这样一个退休老人,对于名利早已看淡。我做这件事情不图挣钱,只为了通过我的努力,唤起大家对颈椎保护的关注,并通过我自己研发的产品让颈椎病人的痛苦得以缓解,这就算是为社会做贡献了。"虽然寥寥数语,但字里行间透露出的拼搏奉献的精神,值得每一个人学习。希望芦树林能用他的身体力行带动更多的人加入到他的队伍当中,把健康带给千家万户的梦中人!

(孔 菡)

牛大叔的世界品牌梦
——访史上最长名字公司创始人牛育龙

牛育龙(身份证名字牛晓路),史上最长名称公司"宝鸡有一群怀揣着梦想的少年相信在牛大叔的带领下会创造生命的奇迹网络科技有限公司"创始人,高中毕业之后开始创业。曾经从一个小歌手做到舞台策划总监,又做到总经理,后创立"牛大叔"品牌。

几经孕育而出的"牛大叔"

21世纪是一个充满可能的时代,这个时代只要你有想法,只要你愿意坚持,只要你方向正确,那么未来一定是成功的。牛育龙有一个梦想,一个让中国民族品牌走向世界的梦想。

高中毕业之后,牛育龙没有接着读大学,而是选择走向社会,提前开启了自己的事业生涯。这个时候的牛玉龙看起来依旧像一个孩子,但这个孩子心中充满了对未来的憧憬。牛育龙上初中的时候就喜欢创作一些东西,写一些小文章,高中毕业之后,他首先选择了和艺术相关的工作。

2003年,牛育龙出现在一些演出场合,包括跳街舞、唱歌等等。很多人认为这是不务正业,但牛育龙的性格是做一件事情就要做到最好,他给自己做了充足的规划。九年时间,牛育龙从一个小歌手做到舞台策划总监,又做到总经理。之后,牛育龙觉得上升空间已经不多,于是在2012年退出,迎接新的挑战。

机会总是垂青有准备的人。沉寂两年之后,牛育龙看到了商机。2014年,牛育龙看到一个报道,报道说比尔·盖茨准备放弃微软去研究安全套。看到这个报道的时候,牛育龙觉得很惊讶且不可思议,他去查资料,结果证实报道是真的。牛育龙认为世界首富做的事肯定是有前景的,他要效仿。于是他立刻着手注册商标,但当时不是最好的入行时机。他继续观望,这期间他经营一家财务公司,为他后来的事业奠定了基础。2016年,牛玉龙觉得时机到了,于是开始了新的创业。

再次创业的时候，牛玉龙手里的资金不是很多，为了筹集资金，他破釜沉舟卖掉了自己的房子，但他从不后悔。创业是充满波折的，尽管牛育龙准备很充足，也有很大的干劲儿，但是创业初期的成绩并不是很理想。后来他又成立了牛大叔生物科技有限公司，运用了一些商业模式，做得还算不错。拥有一定经验之后，牛育龙想做自己的品牌，一家有文化的品牌，想把文化植入新公司名字里面。于是，"宝鸡有一群怀揣着梦想的少年相信在牛大叔的带领下会创造生命的奇迹"网络科技有限公司诞生。

"牛大叔"如今已经成为他公司产品的代号。关于这个名字，牛育龙这样解释："我姓牛，等到成功的时候也变成大叔了。内在的含义是，因为我做的是安全套产品，牛给人的印象是踏实，我们就以牛为主，给人一种踏实的感觉。'大叔'是想传递一种情怀，一种成熟稳重、有担当有责任，包容、体贴、呵护的情怀，还代表着幽默风趣，有钱，会照顾人，可以给人一种安全感。"

"四有"品质为"牛大叔"保驾护航

牛育龙取得如今的成绩和他个人的努力分不开，和他的团队以及产品有着直接的关系。关于自己的团队，牛育龙说："我认为自己的团队非常优秀，成员都是自愿加入我们的。并不是说我们的技术有多牛，待遇有多好，而是因为大家都有一个梦想，有一个让中国大叔影响世界的梦想！我们想通过自己的产品铸造一个民族品牌，将产品卖到国外去。因为现在的大部分安全套产品都是国外品牌中国生产，再卖给中国人，钱都让外国人赚了。而中国博大精深的文化却很少得到体现，我们想通过自己的产品将中国文化推广出去，让全球的华人都知道自己的根在哪儿。"

有梦想谁都了不起。正是因为有了梦想，这群年轻人聚集到一起，创造了自己的品牌。梦想的实现需要现实的支撑，他们的梦想并不是简单的说说而已。在选择项目的时候他们围绕着成人健康为中心，之所以选择这个方向，是因为在未来的几年，成人健康会是一个很大的市场。安全套是他们的核心产品，后续再加入一些科技型产品。

说到自己的产品优势，牛育龙充满了自豪，他说："我们的一个产品可以达到多重体验，另外策划方向和价格都有吸引力。在策划上，会举办一些活动和开展多元化的推广方式,让大众更快也更容易接受。目前的产品主要是混合动力型的,但是一直在研发新品。我们的研发团队是业内比较专业的,创意和思路都比较新颖。在包装上面也非常有特点。第一,包装盒设计得非常窄和长,这个设计符合公司名字特点,便于线上推广。第二,盒子上面有一些尺寸,消费者可以测量尺寸,也有一些比较好玩的规则。定价为25.99元,这个数字象征着'爱我久久'。总体来说,定位比较年轻化和时尚。"

任何行业都存在竞争,牛育龙的公司也一样。面对竞争,牛育龙有着自己独到的看法。他认为,面对竞争,要坚持做好自己的产品,按照自己的方向和路线坚定不移地走下去;坚持做良心产品,让消费者用着放心;坚持自己的创意,保持自己的创意。很多人都说国外的产品好,但国外的很多产品是在国内生产的,而他的产品无论从原材料还是技术上都不比国外的差。他坚持自己的事业方向,围绕成人幸福生态链这个中心去努力。

有梦想、有努力、有实力、有坚持。"四有"品质,保障牛育龙在创业的道路上一直走下去。

回首过往,怀着一颗感恩的心

回首自己的创业历程,牛育龙显得很淡然,但是淡然的背后是不足为人说的辛酸。牛育龙碰到的很多困难,是资金和团队管理上的困扰。最缺钱的时候,员工的工资没有着落,出差的时候不舍得住酒店,在网吧里面对付一夜。开始创业的时候团队只有三个人,后来增加到20多个人。但在公司最困难的时候很多伙伴选择了离开,这对公司是很大的打击。

当问到创业过程中感悟最深刻的是什么时,牛育龙略微沉思,给出了这样的答案:"创业不容易啊! 创业不要有消极的心态,人一消极就什么都做不成,看什么事情都充满了困难。后来心态改变之后发现,任何困难都可以找到机会去克服,因为困难大家都在经历,就看以什么样的心态去面对。第二看能否坚持下去,第三是不断学习。我之所以能够成功,基本上是靠努力,不断学习然后把知识拿出来运用。当然也有一些幸运,但目前还是在路上,仍旧要努力坚持下去。"

牛育龙的创业路上,得到过很多人的帮助,这些牛育龙都记在心中,无论是物质还是精神上的帮助,他都将这些作为创业路上的财富。在公司,牛育龙做了一个感恩墙,把每一个帮助自己的人都记录下来,即使是很小的事情。其中也包括自己的客户,牛育龙认为在他最困难的时候客户愿意购买他的产品,就是对他的帮助。在以后的路上,牛育龙也会怀着感恩之心继续走下去。

现在的牛育龙每天都会接到很多电话。别人或许会认为是一种困扰,但牛育龙觉得这是正常的事情,这些电话有的会问怎么想到用这样的名字,也有一些做广告的,问要不要代理,要不要做商标之类。关于这些牛育龙看得很淡,他认为自己还处于锻炼的过程中,需要不断学习和交流,才能取得更大的进步。我们也相信,未来"牛大叔"这个品牌一定可以走向世界,牛大叔的梦想一定会实现! (孔 菡)

医改下的天使羽翼

——访湖南健康快车服务有限公司董事长饶宏友

有些人看着普普通通,内心却深含着对社会对国家的深切关注和热爱,遇到合适的时机就会迸发出来。湖南健康快车服务有限公司董事长饶宏友,就是这样一个人。

为解决老百姓看病难而创业

饶宏友1994年湖南大学信息管理专业毕业后,被分配到北京一家建筑设计院工作。在那个年代,这真的是很不错了,可是由于对北方气候不适应,饶宏友持续生病,最终出于自身健康的考虑,辞职南下。1999年,回到湖南长沙,恰逢中南大学湘雅二医院招聘,他顺利入职,在医院医务科做信息统计方面的工作。

多年的医院工作,不仅让他看到了患者身体上的痛,更让他看到了就医上的难。饶宏友看在眼里,急在心上,他想为患者尤其是穷苦患者做点事。

近年来,国家开始大力实行医疗改革,提倡医生多点执业,推动优质医生、医疗资源下沉。湘雅二医院响应国家号召,在医院内开辟医生多点执业试点,并由饶宏友来负责这方面的工作。在带领院内专家教授下乡义诊、进行多点执业的同时,饶宏友看到了更多基层医疗机构和患者对优质医疗资源的巨大需求和深切渴望。他觉得单独靠一两家医院这样去做,所起到的作用无疑是杯水车薪,完全不能满足基层的需要,于是开始思索一种更加高效的方法。

在中国医改的浪潮下,2017年2月25日,饶红友联合湘雅系医院几位退休专家以及高桥实业家王运启共同成立了湖南健康快车医疗有限公司。公司致力于解决患者看病难问题,积极充当患者与医生、医院之间的桥梁和纽带。

以患者为中心，多方共赢

湖南健康快车有限公司基于对中国医疗健康行业特点和百姓需求的深入理解，构建了线上、线下相结合的O2O健康管理服务体系，提供"专家直通车"或"直接看专家"服务，核心是解决老百姓看病难问题。

健康快车借助于医改对医生多点执业的开放和倡导，对三甲医院医生和医疗资源的充分利用，甚至通过远程门诊实现了对患者的合理分流，分层治疗，保证了优质医疗资源效能的最大化。这些服务一推出就受到了基层医疗机构的热烈欢迎。

对广大患者来讲，一是可以通过"直通车"提前预约专家教授就诊，免去了排队挂号的麻烦。二是可以签约家庭医生的服务，专家们对其家庭成员的身体健康评估后，建立家庭健康档案，到大型医院看病时，可优先就诊，优先住院。

对基层医疗机构来讲，面临的最大问题就是缺乏高水平的医生。有了健康快车，就可以通过远程问诊平台，由三甲医院的相关专家对患者进行诊断，很快就能出具诊断意见。有了准确的诊断，基层医疗机构可以对患者进行有针对性的治疗，及时控制患者病情。

健康快车正陆续把基层医疗机构都纳入到平台中来，同时，基层医生可通过平台直播观看专家教授的学术讲座，提高自己的医疗水平。

健康快车开创的"智能互联网运营管理体系 + 名医诊疗 + 持续性院外健康管理与健康促进"模式，形成了独具中国特色的医疗健康管理服务体系。健康快车目前有300多位慢性病领域的多学科专家团队助力基层医疗的发展，形成"持续性、闭环式"的私人医生服务模式，致力于搭建最广泛的特需医疗服务平台，打造湖南慢性病健康服务领域规模最大、综合实力最强、专业水平最好的慢病健康管家。

专注医疗，提供专业服务

为了取得湖南省级三甲医院对医生多点执业的支持，掌握大量的优良医疗资源，饶宏友一家家医院进行洽谈。他把湘雅二医院作为首个洽谈对象，对于本院自主进行的医生多点执业，院长是支持的，但要将优良的医疗资源对外开放，院长起初还是持保守态度。因此,最初院里的专家教授跟着饶宏友下去的时候,还是有所顾虑。对此,饶宏友说:"这都是我们预料到的情况,毕竟医改的脚步相对来说还是慢一点。"

随着国家对医院药品零利润政策的不断深化,促使越来越多的医生走出体制,寻求更多的执业机会,实现更大的社会价值。现在,已有医生主动联系饶宏友,要求加入到他的"医生集团"中来,饶宏友对行业前景充满希望。

如今,汇聚到湖南健康快车"医生集团"的资深医生、专家教授已不少,但相对于基层的巨大需求来说,还远远不够。据饶宏友透露,目前,在排队等候合作的基层医疗级机构就有上千家。

为了弥补资源量和需求量之间巨大差距,让有限的优质医生、医疗资源实现最大的价值,饶宏友引入了远程问诊。经实地考察,使用了上海一家公司开发的远程问诊平台。这家公司开发的远程问诊平台是同类产品中使用量最大、技术最成熟的。

饶宏友表示,今后他要把远程问诊平台推广到各个乡镇和村,免费安装给各村镇卫生所和医疗机构。在基层就可以实现三甲医院医生对患者的面对面问诊、诊断,通过远程问诊提前对患者进行分流,打破以前"不管大病小病都往大医院跑"的怪圈,缓解看病难的问题。

饶宏友以敏锐的眼光发现了患者、医生、医院需求上的矛盾,并以致力于解决百姓看病难为目标进行创业,在不到一年的时间内,稳步发展并实现盈利,这无疑是成功的。他认为企业的成功离不开社会的支持,离不开广大老百姓、医生和各个医疗机构的支持。

同时,他也在不断地回馈社会,经常不定期带领公司"医生集团"下乡参加公益慈善活动。6月17~18日,湖南健康快车组织湘雅知名专家团队赴吉首,与湘西协和医院成功举办了"名医面对面"大型义诊活动,受到当地卫计部门、医务人员、患者、老百姓的高度赞扬与好评。饶宏友还计划在日后成立专项慈善基金,帮助更多需要帮助的人。

对于公司的发展,饶宏友还是显得很急切:"还是资金太少,限制了公司的发展速度,很多业务开展不开。公司现在正在考虑融资,扩大健康快车的规模和覆盖范围,让更多的普通百姓,尤其是边远地区的百姓受益!"(孔 菡)

墨香成就淡然人生

——访河南省著名书法家任付力

　　书法，是中国传统文化艺术发展五千年来最具有标志性的民族符号。书法作为中国传统文化重要的一种艺术形式，传承了两千多年而兴盛不衰。穿越千年，对书法艺术追求的人们继往开来，代代相传，任付力就是其中一位颇有成就的书法爱好者。

　　我们把这次采访的地点约在了任付力的工作室。一进门，笔者就感受到了工作室内浓郁的书香气息。屋里挂满了任付力的书法作品，空中飘来悠扬的音乐，面前是精致的茶艺桌，笔者仿佛置身于古典的艺术殿堂。

　　已到不惑之年的任付力自幼酷爱书法国粹，楷、行、草专擅，行草书取法"书圣"王羲之古风妍媚之风，又得益于宋大家之长枪大戟，大开大合，俊俏挺拔，八面出锋。后期形成了自己刚柔相济、气势磅礴的独家风范，被业界誉为"不可多得的潜力股"。

玩笑之语，偶入书法天地

　　谈到入门书法这件事，任付力笑着对笔者说，在书法界，自己能取得今天的成绩，最应该感谢的人是自己的堂哥。若不是当年堂哥无心的一句玩笑话，自己也不会发奋练习书达到今天的水平。

　　谈及往事，任付力有些不好意思。他说，其实自己刚开始对书法并没有很深的感情。有一次过年的时候，大家在一起写春联，任付力自己也写了一副。这时书法功底较好的堂哥看到了，就半开玩笑地说，"这么丑的字，你好意思当春联贴出去吗？"堂哥这句玩笑话深深刺痛了任付力的心。当即他就下决心要练出一手好字给堂哥看。此后他开始虚心向堂哥请教关于书法方面的知识和写字技巧。通过临摹字帖，研习古人碑帖，坚持每天练习，他渐渐喜欢上了写字，他发现书法作品不仅仅是一幅字，还可以体现作者的喜怒哀乐。于是，练习书法这件事，由原本的赌气变成了一发不可收拾的沉迷热爱,任付力也因此找到了值得自己追求一生的爱好。

潜心研练,终得书法真经

为了进一步提高自己的书法水平,除了日常练习,任付力参加书法高级研习班的培训,努力学习书法理论基础知识。通过认真练习,提高了自己的汉字书写水平,同时他也非常重视自己文化素质的提升。经过认真刻苦的反复训练,他的行书手法渐渐流畅自如。刚开始时,面对重复枯燥的练字任务,任付力也感到烦躁,但他并没有就此停下。练到实在练不下去的时候,他就变换字体接着练。现在,练字已经成为他每天必做的事情,一天不写字,他都会觉得少了点什么。在练字的道路上,任付力也会遇到难题,每当这时他就会去向老师请教,与其他书法爱好者交流心得体会,久而久之,他在书法方面的造诣也越来越深。

经历了初习书法的寂寞与枯燥后,任付力以对书法艺术无限钟情使他一步一步走向了书法艺术的殿堂。时至今日,任付力书法的艺术魅力不仅仅体现在艺术欣赏上,而且还给人们以精神上享受。"柔中有刚、秀中见奇,乃笔爽爽而有神助。"这是网友对任付力作品的高度评价。综观任付力的书法作品,常常会使人感到华而不媚,成篇作品不失法度,少字作品不失大器,柔刚相济,雄秀并举,血肉丰满,结构天成。师古而不泥古,求新而不取宠。

传承经典,自成艺术风格

在书法的继承与创新上,任付力认为,每一种艺术形式都有其所依赖的媒介,中国书法依靠的是笔墨。一个人要想写出一笔好字,必须懂得笔墨。这主要靠继承,临摹古人佳作并从中领悟出笔墨的艺术内涵和美感,这样才能慢慢形成自己的风格。

在任付力的书法中。看到书谱,会让人想到米黄,也能寻觅到汉隶和魏碑的痕迹,当然绝对少不了张旭和怀素的影子。显然,在继承笔墨传统上,他是下过很大功夫的。但是,仅有笔墨还不够,书法还需具备形而上的成分。书法之难,难在用线条组织美感,或苍劲,或绮丽,或枯拙,或丰润,都在上下左右横竖撇捺之间,既不能直言，也无法解释，那难以言说的就是气韵，就是精神，就是风姿和才情；文学创作也很难，但可以用语言说出形象来；绘画也不易，但到底还有形体和色彩的辅弼；舞蹈也是高超艺术，但舞蹈还能通过肢体语言来表情达意。而书法呢，要书写出中国文化所特有的味道，则只能单凭笔墨线条，横亘在它面前的难度系数就可想而知了。所以要想展现只可意会不可言传的"形而上"的风姿，除了精到的笔墨技巧之外，还要有心性的培养、文学的扶持和对风格的理性领悟。

任付力的书法肥而有骨，骨肉相济，活泼而灵动。用笔的多变，章法的烂熟，上下的映带，左右的顾盼，错落起伏，跃然纸上。在那流动的线条中，方圆、疏密、大小、长短、粗细、浓、淡、枯、湿多变灵活。大气磅礴如行云流水，可谓标新立异、匠心独具。在不断地研习中，任付力渐渐开始形成了自己独特的笔法和别具一格的艺术表现形式。他认为书法的最高境界是写心、写思想、写感情。他把传统的书法技巧同现代书法有机结合，用抽象的奇妙书法技巧大胆创新，其丰富的墨色变化妙不可言，字一笔书就，一气呵成，俨然蛟龙戏水，巨龙游天，行笔错落起伏，气度非凡，使观者叫绝，也写出了他对笔墨人生的深刻感悟。

不论过去、现在还是未来，书法艺术都是以水墨线条阴阳表达的艺术，阴阳包括水墨之黑白、粗细、浓淡、疏密、虚实等阴阳平衡程度以及书写的快慢、整体平衡，效果好的，其艺术性就强，而达到绝妙者堪称大师。如今的任付力，已是众多人眼中名副其实的大师。面对成绩和荣耀，任付力并没有骄傲，他认为社会给予他的肯定，是鼓励他写出更多优秀作品的动力。

弘扬传统，传播书法艺术

书法对任付力的改变是潜移默化的，练习书法之前，任付力是一个急躁的人，遇事很容易冲动。接触书法之后，最先感觉到任付力变化的是他的朋友们。用朋友的话来说就是，感觉他整个人变得温和起来。他发现练字可以陶冶情操，修身养性，他也希望更多的年轻人愿意学习书法，了解书法。任付力认为，一枝独秀不为美，万紫千红才是春。一名优秀的艺术家，不仅要完善自我，更要推己及人，照亮他人。

为了让更多人了解到书法艺术的魅力，让更多的人关注书法，热爱书法，受益于书法，任付力在河南长风书画院开设了自己的书法课。课堂里汇聚了很多和当初的自己一样,写不好字但对书法有着浓厚兴趣的人。任付力结合自己学习书法的经历,总结出了一套独特的教学方式。首先是树立学生的自信心。一般的书法入门学习,要先学习理论,进行基础笔画分部练习,这样基础会比较扎实,但也往往会使人觉得枯燥乏味,很多人练了几天便写不下去了。为了减少这种情况的出现,任付力在学员进院的第一天,要求每个人无论好坏都要写一幅字。然后,他再结合每个人的不同情况,分别进行指导,添枝加叶,最后使其成为一幅作品。然后再对学员进行基础字节、分部笔画结构的指导训练,使学员在一周内基本都能写出一幅作品。这种方式会增强大家学好书法的信心,事实证明,这种方法行之有效,找任付力学习书法的人也越来越多了。

书法家任付力的字体外若飞仙,飘逸洒脱,内似硬汉,刚筋铁骨,一笔一画中也写出了他的人格魅力。生活中的任付力,经常参加公益活动,热衷于传播社会正能量。闲暇时间,任付力会到敬老院看望老人,给敬老院写字送书法,丰富老人们的业余生活。他也经常跟着爱心团体到山区小学献爱心,教山区里的孩子写字,给他们送笔墨书籍等物资。也因此,中国国学院,河南教育厅,河南公安厅,河南电视台,世界华人慈善家协会等八大机构特为他颁发了"最美人民艺术家"的荣誉证书。对于现在的任付力来说,练习书法已经成了他每天必做的事情,也是因为对书法的这份执着,他的人生也多了几份异于常人的精彩。　　　　　　　　　　　　（孔 菡）

打造建筑设计业界的航母

——玺创(北京)国际建筑文化发展股份有限公司创业纪实

北京的深秋,枫叶与春光争胜,红得如同燃烧的火焰。

无疑,这是一个让人难以忘怀的季节。党的十九大胜利闭幕,为新时代中国特色社会主义航船驶向光辉的未来,指明了航向。

借着强劲的会议精神的东风,10月22日,京城的建筑设计业界的翘楚,从四面八方赶往位于双桥东路的北京塞隆国际文化创意园,参加玺创设计基地的开业盛典。

一个崭新的建筑设计符号,像一把钥匙,明亮地悬挂在中国京城的胸襟上。她要开启的,是业界通往明天的大门。

超前的思维

不谋全局,不足于谋一域。

玺创(北京)国际建筑文化发展股份有限公司,就是建筑设计的谋局者。旗下的玺创设计基地,更是令人耳目一新。作为全球设计师共享平台,玺创设计基地谋略长远,前瞻布局,为业界立标。

基地位于北京塞隆国际文化创意园,地处朝阳区与通州区交界处,坐落于国家文化产业创新实验区东南端,距北京CBD直线距离仅12公里。园区前身为原北京胜利建材水泥库,独有46座筒仓、老厂房、铁轨保留了30多年历史的老厂区建筑和工业遗迹。

近年来,北京市双桥农工商公司,借助朝阳区经济转型"高精尖",将混凝土建材厂成功转型为文创园。据北京市双桥农工商公司相关负责人介绍,北京塞隆国际文化创意园仅是作为双桥农工商公司战略转型升级发展的一个起点,随着广渠路延长线的全面通车,作为北京主城区和通州城市副中心连接的重要发展区域,未来的北京市双桥农工商公司将形成以文化创意产业为特色的"首农·文化双桥"产业集群。

而玺创(北京)国际建筑文化发展股份有限公司顺势而为,借助北京塞隆国际文化创意园的开发,进驻园区,建立了玺创设计基地。

10月22日,玺创设计基地的开业盛典在充满浓郁文化气息的北京塞隆创意文化产业园 C1 隆重举行,北京房地产经理人联盟秘书长王力女士受邀为玺创开业典礼致辞剪彩。与王力秘书长一道出席玺创开业典礼的还有 500 余位行业领导、企业领袖、知名设计师和各大媒体朋友们。其中包括中国房地产业协会文化地产委员会秘书长王嘉琦、国务院法制办财政金融司司长冯艾玲、玺创(北京)国际建筑文化发展股份有限公司董事长刘建国、北京塞隆国际文化发展有限公司总经理王静、原经信委主任杨京林及业内人士,一同分享源自玺创设计基地的文化与惊喜。

玺创设计基地办公面积 3328 平方米,由公司创始人刘建国董事长发起,著名设计大师霍世亮操刀精心打造。作为建筑装饰行业垂直设计服务平台,公司整合了数万名专业知识过硬、创新能力卓越的设计师团队,数百家工艺精湛、作风严谨的施工企业和数千家材料供应商,通过移动互联网、大数据平台来为广大客户服务。平台坚持诚信经营、专业高效的服务理念,为赢得广大客户及社会各界的信任,树立行业标兵企业的新典范做出应有的贡献。

玺创搭建的平台不是基于梦想,而是基于行业的现实。如今正处于一个变革时期,整个建筑行业都发生了很大的变化。国家陆续出台了环保方面的政策,建筑生态随之改变。国家有关部门在环保建材方面,也制定了新的标准,提出了新的要求,促使行业加快转型升级的步伐。

设计本身也在发生变化。从 2008 年以后,设计项目出现萎缩。参加过北京鸟巢设计的刘建国对我们感慨万端地说:"我们是在做一个设计师众创空间。花很少的钱一个好的办公环境,大家很多东西可以共享。有几个做建筑设计的朋友,2008 年以前,生意特别好,租了几千平方米的办公室。2008 年以后,房租都养不起,最后被迫撤了出来。当然,也可以在家里办公,但在家办公环境不好,会受到不少干扰,也缺少一定的资源。基于这些现状,我们就搞一个众创空间,把有能力、没有项目、没有好的办公环境的业界专业人才,集中到我们的平台里边。我们争取有效资源,有资源就能拿到好项目,有了好项目大家就有活干。"

那么,整个建筑行业都要变,怎么变?就是要走行业的细分、行业的融合、行业的专业化道路。

公司和设计院及其他的设计工作室协作,在整个领域内分门别类地做细分。将建筑专业、结构专业、暖通专业、电气专业、照明专业、园林专业、市政专业、医疗专业、净化专业等顶尖专业人才吸引过来,打造综合平台,对接行业资源。

然而,仅在设计方面创新、在材料领域创新、在某个局部设置创新还不够,还需要整个行业的创新。大的方向没有创新,小的方向创新是感受不到整个行业格局的。刘建国介绍说:公司做的虽然是个小事,但能引领和影响行业。业内人员看到公司在做这件事,会受到一定启发,会增添勇气。有很多从业者有这些想法,但一直没有去做,有些尝试了却失败了。有关部门整合整个行业的决心是不够的,公司还没有这个能量,更多的是顺应和适应。国外的设计机构来到中国,他们只是提出了一个概念和想法,就能拿到一半设计费。这种不合理的状况,需要我们加以扭转。

目前国内缺乏做前期规划、前期方案的设计师,原因是他们没有接触国外先进的设计理念,更多的是沿袭。自己要有创新,引领行业变革,而不是紧跟国外的步伐。

变,才能生存;变,才能创新;变,才能发展。

玺创设计基地,就是求变求新求发展的产物。简而言之,基地提供的是一个转型升级的平台,它聚合了各种资源,就像一个大的孵化器,抱团取暖,优势互补,合力共为。

为什么天南海北成千上万的设计人才,能放心地来到玺创? 核心在于玺创平台能帮大家赚钱。整个行业的资源,都整合到了玺创。玺创要做的,是平台的对接服务。

玺创平台是设计师的联合办公场所,进到玺创平台的人对接项目,会有一个很好的发展空间。设计师不用租柜台,不用追着客户跑,只要认认真真地做好专业。设计做好设计,材料做好材料,施工做好施工,把专业发挥到极致。平台是一个服务机构,办公环境的服务,商务的服务,并提供法律、知识产权、行业交流的机会。据了解,很多设计师离开了本行业,究其根本,就是设计师赚不到钱。而玺创打造的这个空间,就是能够让设计师生活得很好,得到社会应有的尊重,从设计中获得成就感。

在我们的社会中,每一个人都需要尊重与被尊重,尊重设计师本身就是尊重设计作品。好的设计作品就像是一股清流,能荡涤人的心灵。玺创建筑设计平台,是在做灵魂的摆渡人。

对此，中国房地产业协会文化地产委员会秘书长王嘉琦先生称赞道："玺创设计基地是一个设计理念孵化平台、设计实践施展平台，更是一个设计智慧集纳平台。从这里走出的，不仅仅是一张张分门别类的图纸，而是一个组合完整的建筑智造世界。"

它的出现，填补了中国建筑设计行业的空白。

独 特 的 设 计

谋大事者重格局。

国学大师钱穆曾经游览一座古刹，看到一个小沙尼在一棵历经五百年的古松旁种夹竹桃。他感慨地说："以前，僧人种松树时，已经想到寺院百年以后的发展了；今天，小沙尼在这里种花，他的眼光仅仅是想到明年啊！"

钱穆这番感慨道出了一个道理：大事难成，是因为心中的格局太小。心中的格局，是指一个人的眼光、胸襟、胆识等心理要素的内在布局。人在职场，最重要的不是能力的高低，而是格局的大小。

玺创公司的格局，从其设立的玺创设计基地中，即可见一斑。

玺创设计基地位于"北京塞隆文化创意产业园区"内，拥有120个独立工位，8个总监办公室，4个团队办公室。北京塞隆国际文化创意园紧邻CBD商圈，文化艺术氛围浓重，园区内入驻影视、传媒、文化产业公司，配套设施齐全，停车位、餐饮、娱乐一应俱全。

玺创公司打造的建筑生态设计基地，是行业的航空母舰。基地以美为信仰，整合百万名全球设计师资源，千家设计事务所，万家施工单位，千万家材料供应商，重新定位行业规则，携手所有共同价值观的人为了同一个信仰，通过n代人的努力，让世界更美好，打造更多美学商人，通过设计的力量改变世界。

大而全、大而实、大而细、大而新，是基地的一大特色。

玺创设计基地分上下两层，其中一层设有喜迎(前台)、天地合(路演厅)、喜饮(咖啡厅)、喜夏(接待室)、喜健(健身房)、喜梦(胶囊公馆)、喜唱(迷你KTV)、喜禅(茶室)、日月(董事长办公室)、星辰(总经理办公室)、喜夏、喜春、春秋、喜冬(大小会议室)、培训室。董事长办公室(日月、星辰)54平方米；路演厅225平方米,可容纳 42 人;VIP 会议室(喜夏)88 平方米,可容纳 10 人。会议室(喜春)40 平方米,可容纳 12 人。会议室以四季命名,"喜春、喜夏、喜秋、喜冬",四季皆喜,寓意深远。独立工位 280 平方米,可容纳 54 人,合适个人会员与初创团队,办公设备齐全,环境简洁舒适,零距离与不同设计团队交流,个人也能为客户提供团队般的专业服务。

二层包括水吧、设计院长室、设计总监室、建筑设计团队、结构设计团队、景观设计团队、布墙设计团队、照明设计团队、电气设计团队、给排水设计团队、暖通设计团队、食品药品实验室净化设计团队、效果设计团队、施工图深化设计团队、酒店会所设计团队、别墅设计团队、市政设计团队等 14 个专业设计团队。

其中,独立总监室 32 平方米,共 8 间,适合总监及 VIP 签约会员。环境优雅的办公空间,能提供优质的商务洽谈与会客条件,有效地提升团队专业度与知名度。

团队办公室,77~103 平方米,共 4 间,适合大中型团队使用,还可以摆脱固有办公模式,根据团队人数需要,灵活安排工位。

二楼独立工位 263 平方米,可容纳 60 人,适合个人会员与初创团队。办公设备齐全,环境简洁舒适,零距离与不同设计团队交流,个人也能为客户提供团队般的专业服务。

值得一提的是,房间里的装饰和所有家具,均由玺创独立设计。他们坚持原创,打造品牌,凸显传统的中国美。

除此之外,基地人性化设施的布局,也体现了玺创人的情怀。

健身房(喜健):设计师平时工作繁忙、缺乏运动。基地的健身房可供大家工作之余锻炼身体,保持身心健康。

禅修室(喜禅):工作压力大时,来禅修室喝一杯茶,静下心灵,慢下节奏,保持身心的放松,能迅速消除疲劳,充沛体力。

胶囊卧室(喜梦):设计师加班熬夜是常态,有时候工作到深夜,疲惫不堪。这时候便可以选择在喜梦休息,既能保证充足的睡眠,也不影响第二天的工作。

洗浴间(喜浴):洗浴间提供配套的洗漱用品,在喜健运动或在喜梦休息过后,既可在喜浴洗漱整理,保持整洁的仪容仪表。

按摩室(喜摩):作为设计工作者,长期伏案工作,腰椎颈肩也许会出现不适,基地为大家做足考虑,聘请专业的按摩师为大师排忧解难。

K 歌房(喜唱):当完成了一天的工作,放松一下自己,约上同事好友,到喜唱放声高歌,释放一天的压力,劳逸结合。

　　……

　　喜,中国汉字。常用字义为高兴、快乐、庆贺等。玺创设计基地巧用"喜"字,所有房间设施离不开"喜"字,大有讲究,颇有深意:一是与玺创公司的第一个字谐音,二是"喜"意味着吉祥,三是设计基地充满喜意,象征着公司大业牢固雄盛,发展步伐强劲快捷。

　　大的格局需要大的胸怀。

　　玺创基地独具匠心的设计理念,来自于玺创人的博大胸怀。

　　置身在构思奇妙、造型精异、细节考究、色彩巧搭的各个房间中,可以处处感受到流动的诗情、盈面的美感、满眶的画意。而这一切,从设计到竣工,他们仅仅用了 6 个月的时间。北京房地产经理人联盟秘书长王力女士评价道:初次来到玺创,让我感受到这是一个充满活力、温馨怡人、洒满阳光的家园。在这里我看到了一群富有活力的设计团队,从他们身上能清晰感受到蓬勃奋发的生命力和积极向上的创新精神。她表示,北京房地产经理人联盟会用平台最优秀的资源帮助玺创大规模的落地,以更好地服务社会,服务市场,为创新驱动引领消费升级尽一份绵薄之力,共同打造中国设计新空间,同时也希望双方的合作为地产开发企业注入新的活力……

　　行业资深人士的评价,客观、中肯、到位,寄予玺创基地厚望。

未来的畅想

　　未来是美好的,未来是可以预期的。然而,未来是需要引领的。

　　玺创(北京)国际建筑文化发展股份有限公司,就是要引领中国建筑设计的未来。

　　怎么引领? 公司董事长刘建国指明了方向。

　　公司和中国住宅协会深度合作,关注全域经济文化、设计方向的研发。带领设计师进入快车道,向着一个正确的方向前行。通过国家"一带一路"政策的支持,通过各级行业协会的支持,做顶层设计,建设特色全域小镇。

　　工欲善其事,必先利其器。玺创设计平台还有一个专家顾问团来指引,由6位社科院的专家、博士后组成团队,高瞻远瞩,工作重心是全域经济文化的开发,和特色小镇的全景建筑设计,为公司把舵定向。

刘建国强调,要先有文化,再有项目。无论任何一个行业,都是由文化牵线搭台,然后项目落地实施。先有文化的结合,再进行项目引入。玺创公司就是要通过"一带一路"的建设,以文化为依托,引出项目,划分地域,施展功能。

玺创设计是全域经济文化与特色小镇的代名词,在这方面玺创要做最专业。他们除了在北京设立建筑设计基地外,还将辐射全国,在上海、重庆、武汉、深圳打造4个中心,逐渐形成网络,覆盖整个行业,做建筑设计改革的先行者。

全国布局,可见玺创的谋略和实力。

公司还将成立"中国全域文化特色小镇的研究院",与纽约设计集团合作,引领将来全域文化的设计方向。

曾获 2005 年全国百强设计师、2007 年搜房设计大赛最佳创作奖、2010 年"京汉杯"最美婚房设计大赛优秀奖等荣誉的霍世亮,是中国建筑装饰协会高级室内设计师,玺创(北京)国际建筑文化发展股份有限公司副董事长。在接受采访中,他对泰国的一个特色小镇的建筑风格印象深刻。

在泰国的北部,有一个小镇,有人说它是泰国的香格里拉,远离尘嚣的世外桃源。

这里充满了有爱的度假屋、有趣的小店和有故事的人。

这里有四季常青的草地、古木参天的森林,有漫山遍野的野花、浩瀚静谧的星空,有穿城而过的慵懒河流,还有热气腾腾的温泉泉眼。

这里,就是临近清迈的拜县。宁静的田园风光,满目的绿色生态,浓郁的小资情调,一切都像童话里出现的场景。据说拜县是一个因为爱而形成的小镇,人们从各地而来,寻找爱,遇见爱,怀念爱。

因为爱,这里创造出来诸多风格各异的建筑和房子,吸引世界各地的人去旅游。

还有希腊蓝白相间的房子,巴黎的铁塔,德国的城堡,都让人不辞万里去欣赏,目不暇接,流连忘返。

但是国内很少有这样的地方,很少有这么一个让人觉得美到极致的地方。人们都在模仿和借鉴其他的元素,比如设计建造迪士尼等。

那么我们能否打造一些特色小镇,或者一些办公场所,引导大众的审美,用我们自己的东西,触动自己又触动别人呢?

霍世亮充满激情地给出了答案:在这梦想的花园里,我们目标一致,希望以自身的实力来改善国内的艺术境界,同时也希望艺术之花能在华夏大地竞相绽放。努力将精神赋予的艺术至上带入人们的现实生活中,让人们知道,艺术不再是一种宣扬美好的形式,而是真正与生活相融合,从而使每个人的生活变得更加美好而有韵味。

玺创要走的路还很长,但这就像是一个使命。在玺创的字典里,没有"放弃"二字,只有勇往直前,全力以赴的信念。

不管是客户还是其他咨询者,玺创都会以最好的姿态来迎接他们的到来。真诚待人,务实做事,把艺术、工匠及设计三者结合起来,倡导彼此感动,真心诚信。

循序渐进,稳定发展,星星之火可以燎原。霍世亮希望通过打造面与面的交集,让玺创在不同的维度上创新和发展,并因此创造中国当代艺术的龙头品牌,实现弘扬中国传统艺术文化的最终愿景。

玺创基地,相当于在画家、艺术家、艺术衍生而来的行业者与艺术定制之间,搭建了一座双向桥梁。在此平台上,艺术供求双方能够更加高效地相互对接,也为新生代艺术家、传统艺术家与热爱艺术的人们提供了一个艺术生态型交流平台。

当然,这还需要一环带动一环,多元化整合资源同时进行,以便做到资源共享,口碑叠加,实现增幅发展的良好蓝图,并因此创造中国美术界与艺术平台荣誉最高、最具知名度的品牌。

目标可期,追求不懈。无论航道上的波涛如何汹涌,玺创这艘建筑设计巨轮已经起航。他们将牢牢把握航向,驶向未来辽阔的远方。

成功,正在理想的彼岸向玺创招手。 (孔 菡)

鲲鹏展翅，让共享飞机飞进生活

——访安徽登云航空服务有限公司、安徽指路人航空咨询有限公司执行长，中国共享飞机系统创始人周卫东

在通用航空行业，有这样一个人，他希望能通过最简单的方式，让消费者随时随地享受到最便捷的通航服务。步入社会28年来，他做过技术、跑过业务、办过企业、当过顾问，无论在什么样的岗位，他都能做出不平凡的业绩。

天行健，君子以自强不息。他多年的创业历程就像一本厚重的书，字字句句镌刻着起步、成长、探索和创新的艰辛和不易，篇篇章章记录着耕耘之后的硕果累累。他说："人生如棋，落子无悔。既然选择了远方，便只顾风雨兼程。"他，就是安徽登云航空服务有限公司、安徽指路人航空咨询有限公司董事长，共享飞机的创始人周卫东。

立德敬业，勇当岗位排头兵

1991年，技术男周卫东进入一家乡镇企业从事营销工作。勤勉好学、乐于奉献的精神时刻体现在他每一个工作细节中。遇到部门人手紧缺的情况，他总是第一个站出来。

碰到不懂的问题，周卫东积极向前辈请教、向书本学习，养成了肯动脑、肯钻研的好习惯，这使得他在工作中游刃有余。

俗话说"好习惯使人终身受益"。离开民营企业后，周卫东又在合资企业和乡镇企业工作多年，结识了上千位企业高管朋友，深入研究了数十家迅速崛起的企业，在投资金融、营销管理、市场策划、危机公关、人力资源、信用管理、知识管理等方面都下过一番功夫。

工作过程中，周卫东领略过成就的快乐，也体验过失意的惆怅。但无论在什么样的环境下，他都能将学到的理论知识转化为解决问题的办法，始终以饱满的热情

投入到工作当中。

谈到这些年的经历,周卫东感慨良多。"我之前在很多行业待过,遭遇过很多的挫折,也走过不少的弯路。我的经历、感受可能对当今的创业者有一些启示。我觉得在创业之前要充分了解一个行业,把这个行业的发展情况和自己的理想、自身条件综合考量,再决定是否要在这个行业做下去。创业路上,应该多一些变通,少一些盲目的执着。"

慧眼独具,潜心创业谋发展

多年的工作经历使周卫东积累了丰富的经验,为他的创业道路奠定了坚实的基础。在朋友的介绍下,周卫东接触到社会教育培训行业。

在当时,培训市场竞争如火如荼,专业领域却少有专家介入。在看好企业产品推广和市场辅导后,周卫东决定成立自己的营销顾问机构,利用自营销的科学体系和基本原理为企业提供全方位的营销顾问服务。

"新公司成立后,市场运作并不简单。我们要做的不仅仅是营销活动,还涉及许多细节、配套、专业等各方面的问题。为了给客户提供更好的服务,我参加了职业培训师、管理顾问、心理咨询师的学习,并有幸成为'知识管理之父'卡尔·斯威比博士的华人弟子。"周卫东笑着告诉我们。

2008年1月,在周卫东的规划下,公司启动了营销人才工厂项目,为企业提供订单式销售人才及团队打造服务。2009年12月2日,由周卫东创办的中华商道大讲堂在全国开讲,为优秀的商界人士和期望在商道上有所建树的大众架起了沟通的桥梁。

宝剑锋从磨砺出,梅花香自苦寒来。经过多年的努力和坚持,公司的业务规模逐渐扩大,效益逐年攀升。

筹划开"飞的",让共享飞机飞进生活

奋斗至此,业绩斐然,按理说周卫东应该属于成功人士,他只要将这份事业继续做下去就好。但周卫东说:他天生就是个敢于挑战、乐于创新的人。他开始寻求新

的突破口,将目光转向通用航空产业,对通用飞机产生了浓厚的兴趣。他认为:通用飞机可通过与传统行业跨界融合开辟发展新蓝海。

周卫东告诉我们:通用飞机是指除从事定期客运、货运等公共航空运输飞机之外的其他民用航空活动的 20 座以下的所有飞机的总称。除了一般意义上的私人飞机外,大家习惯把从事工业、农业、林业、渔业、矿业、建筑业的作业飞行和医疗卫生、抢险救灾、气象探测、海洋监测、科学试验、遥感测绘、教育训练、文化体育、旅游观光等方面的飞行活动的飞机统称为通用飞机。

"现在通用航空最重要的应用是航空应急救援,灾难来临时有很多区域是普通交通工具无法到达的,这时候直升机救援就起到了很大的作用。"他笑着对我们说。

谈到进军通航产业的原因,周卫东表示,自己从小就和飞机有着不解之缘。

"小时候我家住在农村,看到给森林打农药的飞机,觉得很神奇,就梦想着长大能坐在飞机的驾驶室内,边飞边看风景。"

对于周卫东而言,真正关注通用航空是在 1990 年左右。当时,随着世界经济的持续增长、政府出台鼓励政策、航空产品推陈出新,使得通航产业迅速发展。1996 年,通用航空企业从运输航空企业分离,成为独立核算、自负盈亏的经济实体,建立现代企业制度,但企业经营机制未完全开放。正在从事营销工作的周卫东敏锐地意识到:通用航空发展前景广阔。于是他开始关注通用航空的发展,筹划有直升机的生活。

周卫东向我们介绍道:"真正进入这个行业是在 2013 年,两个行内的朋友邀请我加入他们的项目。在 2014 年,我和朋友一起成立了安徽登云航空服务有限公司、安徽指路人航空咨询有限公司,主要从事航空信息咨询、航空市场营销策划、机票销售代理等业务。两个公司相辅相成,共同发展。"

运作资金不足、缺乏专业人才、客户数量不多……企业成立之初,周卫东曾遇到许多困难,但他从未想过放弃,积极探索解决困难的方法。

奥维德有句名言:忍耐和坚持虽是痛苦的事情,但却能渐渐地为你带来好处。在周卫东的不懈努力下,公司的各项工作慢慢开始走上正轨,经营局面逐渐好转起来。

随着国家对航空器进口手续的简化和关税的减免,人们对飞机有了更大的选择空间,短程跑道的轻型飞机开始进入了大家的视线,让城市间飞行成为可能。一次偶然的机会,周卫东接触到了共享飞机。

"拥有私人飞机会让我们的出行更加便捷,但昂贵的运营费用、繁琐的报批手续、匮乏的起飞条件、缺位的服务体系,让很多人望而却步。我们想在城市间自由飞起来并不容易,共享飞机或许能够弥补这些短板。"

为了让消费者能够通过最简单的方式,随时随地享受到最便捷的通航服务,安徽指路人航空咨询有限公司联合安徽青龙湾通用航空有限公司、文旅运营集团等多家企业和国内外飞机制造商,在全国首批 200 个城市展开布局,开展城市间通航业务,真正实现了人们在城市间自由飞行的梦想。周卫东自豪地告诉我们:这个项目让通航飞机不再只是航空发烧友的飞行宠物,它也能成为普通人的空中交通工具。

"我们的共享飞机不只提供飞行工具,还对使用共享飞机的会员提供全方位无缝式贴心服务。这个项目是利用安徽青龙湾通用航空有限公司在全国布局 200 家飞行基地,用创新的分享经济模式,一流的服务运营系统,为城市合伙人、航空爱好者、联盟服务机构架起通畅便捷的桥梁。

我们这个项目的主要产品就是提供航空服务、商业信息服务、需求分析服务,提供消费指引,并协助完成成交和结算。我们也对外开展飞行培训和飞行作业服务,客户能够尽情地享受飞行的高效、便捷和乐趣。"

周卫东笑着告诉我们:"如果客户有私人飞机,也可以交给我们托管,维修、维护、飞行报备等完全不用客户操心。"

凡事预则立,不预则废。在周卫东细致而科学的规划下,共享飞机项目正在稳步推进。2017 年 8 月,由周卫东组织实施的"西安航展低空经济与航空特色小镇主题论坛"成功举办,共享飞机项目已陆续在全国落地。

唯宽可以容人,唯厚可以载物。集体是力量的源泉,共同进步才能推动整个行业的发展,周卫东深暗此理。"我们期待与更多业内人士和投资者精诚合作,共同推动共享飞机的发展,让更多人尽情地享受飞行的高效、便捷和乐趣。"

对于共享飞机未来的发展,周卫东非常有自信。"近几年来,中国通航产业飞速发展,很多市县都在计划建通用机场。共享飞机作为最便捷、安全的出行工具,在未来一定具有广阔的发展前景。"

时代需要引领者,企业亟待先锋行。创业路上没有平坦的大道,只有不畏劳苦沿着陡峭山路攀登的人,才有希望达到光辉的顶点。周卫东,一个勇于创新,敢为人先的"共享飞机联盟召集人",他用行动践行理想,用奋斗点亮人生。愿他鲲鹏展翅九万里,翱翔蓝天飞更远。

(孔茜)